AF451623

Fr. Emmanuel LUSSIAA, O. P.

LE
SANCTUAIRE DE SORIANO

8 GRAVURES HORS TEXTE

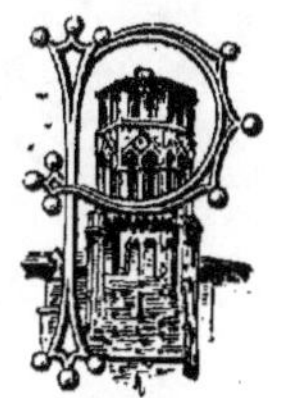

TOULOUSE

IMPRIMERIE ET LIBRAIRIE ÉDOUARD PRIVAT

14, RUE DES ARTS (SQUARE DU MUSÉE)

1929

LE SANCTUAIRE DE SORIANO

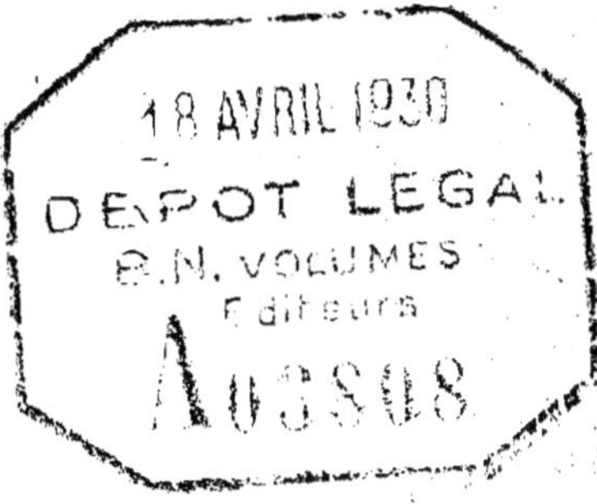

FR. EMMANUEL LUSSIAA, O. P.

LE
SANCTUAIRE DE SORIANO

8 GRAVURES HORS TEXTE

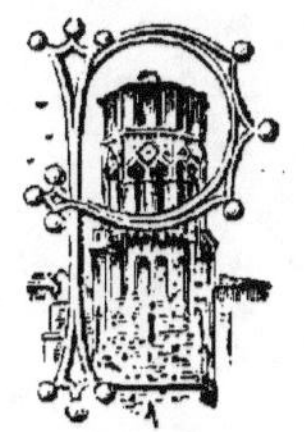

TOULOUSE
IMPRIMERIE ET LIBRAIRIE ÉDOUARD PRIVAT
14, RUE DES ARTS (SQUARE DU MUSÉE)

1929

Permettez-moi de vous dédier ces modestes pages. Elles parlent d'un Sanctuaire de saint Dominique, qui eut trois siècles de célébrité, mais que les révolutions, les persécutions religieuses et aussi d'effroyables tremblements de terre avaient contribué à faire presque oublier. Grâce à Dieu, à la protection du grand Patriarche des Prêcheurs, à l'impulsion de ceux qui ont en mains le gouvernement de l'Ordre et à la bonne volonté de toute la population de la ville de Soriano, ce Sanctuaire va recevoir un renouveau de vie, particulièrement à l'occasion du centenaire qui sera célébré solennellement en 1930.

Je voudrais que par vous, mon très Révérend Père, ces simples pages fissent mieux connaître aux religieux de saint Dominique, à nos Sœurs, à nos Tertiaires, à tous les amis de l'Ordre, un sanctuaire qui eut tant de gloire et qui peut redevenir un centre de culture religieuse et de forte piété.

Veuillez agréer, mon très Révérend Père, mes sentiments filialement respectueux en N. P. S. Dominique.

Fr. Emmanuel Lussiaa, O. P.

Biarritz, le 15 décembre 1928.

AU RÉVÉREND PÈRE EMMANUEL LUSSIAA

Toulouse, le 4 août 1929.

Mon Révérend et Cher Père,

Vous avez pensé qu'à l'approche des fêtes centenaires de Soriano il y aurait quelque utilité à rappeler les événements qui donnèrent naissance à ce Sanctuaire.

Vous l'avez fait en annaliste consciencieux et en fils aimant.

Le souci de l'exactitude historique perce à chacune des pages de ce récit, où l'extraordinaire domine, et, devant ces appendices denses de références et de citations, le lecteur aura la sensation de l'authentique la plus reposante.

Ce qu'il sentira plus vivement encore, c'est votre ardent amour pour saint Dominique. Au fond, c'est ce sentiment qui a mû votre plume.

Un peu comme saint Paul, qui sentait ses yeux se mouiller de larmes et son cœur bondir d'indignation dans sa poitrine de voir la cité d'Athènes livrée à l'idolâtrie et oublier le vrai Dieu, vous n'avez pu supporter le spectacle de l'oubli et de l'abandon presque total où sont tombés le Sanctuaire de Soriano et les faits mémorables dont il fut le théâtre.

Vous avez dès lors résolu de venger saint Dominique de la méconnaissance dont il est l'objet de la part de nos contemporains, et dans ce but vous évoquez les splendeurs de l'église et du couvent en ruines, vous faites revivre l'enthousiasme des foules qui se pressaient aussi nombreuses devant la miraculeuse image du saint Patriarche que les foules de Lourdes aux pieds de la Vierge Immaculée, et vous dressez un catalogue des faveurs temporelles et spirituelles les plus signalées qui coulaient à flots sur les pèlerins de Soriano.

Un tel livre ne peut que réveiller dans les âmes de notre siècle le culte d'admiration et de dévotion rendu dans ce sanctuaire au Père des Prêcheurs.

Je vous félicite donc, mon Révérend et cher Père, de l'avoir écrit et puisque vous avez bien voulu me le dédier, je l'adopte de tout cœur. Aussi bien l'histoire de saint Dominique à Soriano n'est-elle pas sans analogie avec l'histoire de saint Dominique en Languedoc. On peut même dire qu'il a renouvelé dans ce coin de l'Italie les prodiges qu'il avait accomplis chez nous, et qu'il y a repris sa propre prédication. N'a-t-on pas vu en effet sa statue s'animer là-bas et les peuples qui assistaient à cette scène muette n'ont-ils pas senti l'âme du grand apôtre passer sur ses lèvres de bois, et son cœur palpiter de la passion du zèle dans les attitudes oratoires de ses membres assouplis, tout comme autrefois les habitants de Fanjeaux, de Carcassonne et de Toulouse ?

Daigne notre Père bien-aimé bénir l'auteur de ce livre que je dépose à ses pieds comme un nouveau témoignage de la reconnaissance, de la dévotion et de l'amour que lui garde indéfectiblement la Province de Toulouse.

Croyez, mon Révérend et cher Père, à mes sentiments de fraternel dévouement en S. D.

Fr. Romain BONHOMME, O. P.,
Provincial de la Province de Toulouse.

INTRODUCTION

En 1930, l'Ordre des Frères-Prêcheurs célébrera le
quatrième Centenaire du fameux tableau de saint
Dominique, apporté par la T. S. Vierge dans la ville
de Soriano en Calabre.

La population très chrétienne de la région se pré-
pare déjà à donner aux fêtes, tant religieuses que ci-
viles, toute la splendeur possible.

Dans le courant de juillet 1928, le Révérendissime
Père Paredes, Maître général des Dominicains, fit une
visite à Soriano, avec plusieurs religieux de son Ordre.
On lui fit un accueil enthousiaste; on insista pour qu'il
envoyât au plus tôt des religieux dans le Sanctuaire
de saint Dominique, abandonné, hélas! depuis un bon
nombre d'années par les Frères-Prêcheurs, par suite
du malheur des temps, en particulier à cause de la
la suppression des Ordres religieux, lors de la consti-
tution de l'Unité italienne. Le R^{me} Maître général promit de donner des Religieux de son Ordre, pour faire
revivre, du moins en partie, les glorieuses tradi-
tions et obtenir, par l'intercession du saint Patriarche
Dominique, de nouvelles grâces, semblables à celles

qui contribuèrent jadis à la célébrité du Sanctuaire
deSoriano.

Nous voudrions raconter ici l'origine historique, le
développement prodigieux de ce sanctuaire, puis
quelques-uns des miracles qui le firent connaître dans
le monde entier, et lui méritèrent d'avoir dans la
liturgie un office particulier.

Celui qui écrit ces lignes a eu la joie de visiter ce
sanctuaire, d'y célébrer la sainte Messe, de prier devant le tableau miraculeux et d'admirer le beau pays
choisi par la Providence pour en faire le théâtre de
tant de merveilles.

LES DOCUMENTS

Les éléments d'information ne font pas défaut. Au
cours du seizième siècle, il est vrai, on ne mit pas
toujours assez de soin à contrôler les faits miraculeux,
à en dresser des actes authentiques avant de les transmettre à la postérité. Nous avons des documents qui
attestent l'origine céleste du Sanctuaire de saint
Dominique ; nous les citerons en leur lieu ; quant aux
miracles opérés par le saint Patriarche dans la seconde
moitié du seizième siècle, nous n'en avons pas une
liste authentique ; s'il y a eu des documents à ce sujet, ils auront été détruits dans les tremblements de
terre, qui ont désolé la Calabre et la ville de Soriano

plusieurs fois, comme nous aurons à le rappeler. Mais à partir de l'année 1609 jusque vers la fin du dix-huitième siècle, on a eu soin d'enregistrer les faits miraculeux, du moins ceux accomplis en Italie et ceux opérés dans d'autres nations, dont on envoya un rapport authentique à Soriano de Calabre.

En 1609, le général des Dominicains, le P. Galamini, plus tard cardinal, vint visiter le Sanctuaire de saint Dominique de Soriano. Il voulut y arriver pieds nus, usage imité depuis par plusieurs Maîtres généraux. Le P. Galamini fut si émerveillé par le nombre et l'éclat des miracles opérés par saint Dominique, qu'il s'éleva avec sévérité contre les Religieux qui négligeaient d'en conserver le souvenir par écrit. Avant de quitter Soriano il établit lui-même deux notaires spécialement chargés de relater avec fidélité ce qu'il plairait à Dieu d'accomplir dans ce lieu béni pour la gloire de saint Dominique.

Sur ces relations détaillées ont été composés plusieurs ouvrages que nous possédons encore, mais qui sont devenus extrêmement rares, parce qu'on n'en a pas renouvelé l'impression. Nous avons surtout le grand ouvrage du P. Lembo, dominicain, Prieur du couvent de Soriano, ouvrage écrit en italien et continué jusqu'en 1687, par un autre dominicain, le P. Dominique de Séminara. Ce volume in-4° fut imprimé dans le couvent même de Soriano; il contient l'histoire du Sanctuaire et le récit des prodiges accomplis par saint Dominique au cours du dix-septième siècle.

Il existe encore une excellente histoire du Sanctuaire de Soriano, écrite en latin par le dominicain belge, le P. Pie Vandendyck, et imprimée à Rome en 1746. Ce religieux très docte, qui fut théologien de la Casanate, a intitulé son livre : *Recherches historiques sur l'image de saint Dominique, célèbre dans tout le monde catholique.*

Dans notre opuscule, nous nous servirons d'autres ouvrages traitant de Soriano, notamment des Bollandistes, qui ont consacré un bon nombre de colonnes in-folio au Sanctuaire de Soriano, dans le premier volume du mois d'août des *Acta Sanctorum.* Les Bollandistes ont la réputation de bons critiques, assez rigides même quand il s'agit de saint Dominique ; nous pouvons donc leur faire confiance lorsqu'ils rapportent les prodiges inouïs du saint Patriarche, non seulement à Soriano, mais dans le monde entier ; car l'image de saint Dominique, comme nous le verrons, fut reproduite dans toute l'Église et y fut l'objet d'un culte spécial.

Pour ne pas rebuter et fatiguer le lecteur, nous nous abstiendrons d'indiquer trop fréquemment les sources où nous puiserons ; ce n'est pas une dissertation scientifique que nous avons l'intention de faire, mais un récit très simple des événements de Soriano.

CHAPITRE PREMIER

SORIANO

---

§ 1. — Situation géographique.

Dans la province de Catanzaro, c'est-à-dire presque à l'extrémité de la péninsule italienne et à égale distance de la mer Ionienne et de la mer Tyrrénienne, se trouve une petite ville de quatre mille habitants, appelée Soriano de Calabre; on a ajouté ce dernier nom pour la distinguer d'une autre Soriano située dans la province romaine. Cette ville, fort agréable, est bâtie sur une colline qui forme comme l'un des derniers contreforts de la grande chaîne des Apennins; rien de pittoresque comme son site, qui est dominé par le sommet aigu de l'Aspromonte[1].

Soriano paraît enveloppée d'oliviers qui atteignent jusqu'à 20 mètres de hauteur; dans ces régions de la Calabre centrale, on trouve en effet d'immenses plantations d'oliviers, à l'exclusion de toute autre culture, ce qui donne au pays un cachet de poésie tout spécial.

---

1. C'est aux pieds de cette montagne que fut blessé au talon le général Garibaldi en 1862, tandis qu'il fuyait très courageusement.

Aux pieds de Soriano se déroule une grande plaine, sillonnée de cours d'eau ; sur la ligne d'horizon, à droite, le château féodal et la ville de Montéléone ; en face, la mer avec les îles Lipari et le cratère presque toujours fumant du Stromboli ; à gauche, le phare de Messine et les montagnes de la Sicile. La vue ne peut s'étendre du côté de la mer Ionienne, car, on peut s'en rendre compte sur la photographie que nous publions ici, la chaîne des Apennins domine Soriano[1]. Bientôt cette ville sera reliée par un chemin de fer aux grandes lignes qui suivent les deux rivages opposés de la Calabre.

Tel est le pays enchanteur choisi par la Providence pour en faire le théâtre de prodiges si nombreux, qu'il peut être comparé à Lourdes.

§ 2. — Fondation du couvent de Soriano.

Avant de raconter les événements qui ont donné naissance au sanctuaire de Soriano, il est nécessaire de dire un mot de la fondation du couvent. Elle fut précédée et accompagnée de faits surnaturels, qui manifestèrent nettement les vues de la Providence sur ce lieu privilégié. Nous empruntons les détails suivants au P. Lembo, principal historien du Sanctuaire, au P. Vandendick et enfin aux Bollandistes.

1. C'est près de Montéléone que se trouve le petit port de Pizzo où fut pris, condamné et fusillé le malheureux roi Joachim Murat en 1815.

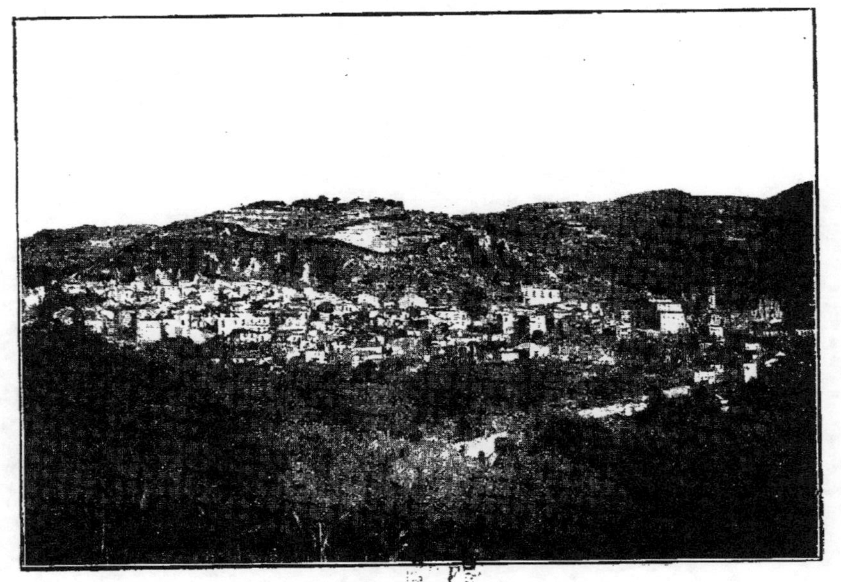

VUE PANORAMIQUE DE SORIANO

En 1510, sous le généralat de Cajetan, fameux commentateur de saint Thomas, vivait dans le couvent dominicain de Catanzaro un religieux très observant, le Père Vincent. Ce Frère-Prêcheur avait l'estime de tous ses frères ; il fut dans sa Province un des promoteurs principaux du retour des religieux aux observances primitives.

Une nuit le saint patriarche Dominique lui apparut, lui enjoignant expressément d'aller à Soriano pour y fonder un couvent de son Ordre. Cependant, le P. Vincent de Catanzaro doutait de la réalité de sa vision ; il ne bougea pas. Une seconde fois, le Fondateur des Prêcheurs lui apparut et renouvela l'ordre déjà donné. Le religieux alors informa son Prieur qui lui accorda l'autorisation de partir le jour même.

Mais, de nouveau, Vincent doute, il hésite, et le départ ne s'effectue pas. Pour la troisième fois saint Dominique revient, mais alors, dit le narrateur italien, *con la faccia turbata e minacciosa*, le visage troublé et menaçant.

Le P. Vincent de Catanzaro comprit que l'ordre reçu venait du Ciel et que l'exécution ne pouvait en être éludée. Guidé et stimulé par une telle lumière, le religieux partit plein de courage. Soriano étant située à quelques lieues de Catanzaro, il se mit en route dès l'aurore. Or, au moment où il entrait dans la ville, les notables discutaient justement un projet de fondation religieuse. Les habitants désiraient posséder un couvent de religieux mendiants ; mais les avis étaient partagés ; les uns inclinaient à choisir les Franciscains, les autres donnaient la préférence aux Frères-Prêcheurs.

C'est alors que le P. Vincent comprit mieux encore les vues de la Providence. Il exposa en toute simplicité les motifs de son voyage. Les habitants l'entendirent avec joie; et on rivalisa de générosité pour aider l'Ordre de Saint-Dominique à s'établir dans la ville.

Pour commencer, Fr. Vincent de Catanzaro se fixa dans une pauvre maisonnette construite à côté d'une chapelle dédiée à l'Annonciation ; mais les notables du pays formèrent le projet de construire une nouvelle église et un Couvent convenable pour les religieux, dans un lieu plus commode et quelque peu distant de la chapelle de la Vierge. Saint Dominique et la Mère de Dieu montrèrent par des prodiges que ce choix ne leur était pas agréable. En effet, une croix, qu'on avait plantée sur le terrain des futures constructions, revint d'elle-même, par deux fois, auprès de la chapelle de l'Annonciation[1].

Cette croix, portée par une main invisible dans le lieu choisi par saint Dominique et Notre-Dame du Rosaire, donna à tous la conviction qu'il fallait y construire l'église et le couvent des Prêcheurs. C'est ce qui fut fait.

Une tradition constante[2] rapporte deux faits merveilleux qui accompagnèrent la construction du nouveau couvent.

---

1. Nos lecteurs savent la dévotion que l'Ordre de Saint-Dominique a toujours eue pour le mystère de l'Annonciation ; beaucoup savent aussi que le jour où on le célèbre a été bien longtemps le jour de la fête du Rosaire.

2. Cette tradition est fixée dans des documents authentiques, conservés aux archives de Soriano, détruites, hélas ! en 1659 par un tremblement de terre effroyable, qui fit du couvent et de l'église un monceau de ruines.

Pendant plusieurs nuits, des ouvriers qui surveillaient le chantier virent des matériaux se détacher de la colline voisine et, portés par une main invisible, se placer symétriquement sur le lieu de la construction ; quelques-uns aperçurent à diverses reprises un religieux dominicain circuler au pied de la colline où se trouvait la carrière ; personne ne douta que ce ne fût saint Dominique lui-même.

Il n'y avait point de chaux à Soriano ; et la pierre de ce lieu n'était pas apte à la cuisson : l'expérience avait été tentée sans succès. Le P. Vincent, homme de foi et de confiance, pria et fit prier Dieu et son serviteur Dominique. Tout réussit à merveille ; à la stupéfaction générale une chaux de qualité excellente fut ainsi obtenue.

Le nouveau couvent de Soriano fut desservi par trois religieux prêtres, un frère convers et un tertiaire, tous de vie exemplaire. Après avoir gouverné la petite communauté pendant plusieurs années, le fondateur du couvent, le P. Vincent, tomba malade ; il fut rappelé à Catanzaro, dans son monastère d'origine, où il mourut saintement.

CHAPITRE II

L'IMAGE DE SAINT DOMINIQUE

---

§ 1. — Elle est portée à Soriano.

En l'an 1530, vingt ans après la construction du couvent, un nouveau prodige eut lieu dans l'église non encore achevée. C'est ce prodige qui devait plus tard rendre célèbre dans le monde catholique le nom de Soriano. Le couvent comptait alors cinq religieux, dont voici les noms : le P. Dominique Galliano, supérieur ; le P. Etienne Natale de Soriano, le P. Thomas de Gerocarne, le fr. Laurent de Grotteria, convers, et le fr. Noël Sorbilli, tout jeune tertiaire.

Le 15 septembre, jour octaval de la Nativité de la Sainte Vierge, trois heures avant le jour, le Fr. Laurent, religieux convers, se trouvait dans l'église, préparant toutes choses pour la récitation des Matines ; il venait d'allumer les cierges à l'autel principal, quand tout à coup trois Matrones d'aspect majestueux, se présentent à lui. Les portes de l'église étant fermées encore à pareille heure, Fr. Laurent stupéfait et un peu effrayé, ne sait que penser.

La plus vénérable de ces Dames prend la parole et lui

demande à qui l'église était dédiée : « A saint Dominique, répond-il. » — « Avez-vous une image de ce saint? » Le Frère indique une image grossièrement peinte sur le mur. « Eh bien ! prenez celle-ci, portez-la à votre Supérieur et vous lui direz de la placer sur l'autel. » Ce disant, la Dame lui remet une image soigneusement roulée. Le Fr. Laurent court chez le Père Supérieur qui n'était point encore descendu pour les Matines. On déplie le rouleau ; c'était une belle image de saint Dominique. Les religieux la contemplent un moment, puis se précipitent vers l'église pour témoigner leur reconnaissance aux trois Matrones mystérieuses. Mais elles avaient disparu et pourtant les portes étaient toujours fermées.

Les Frères prièrent avec ferveur la Sainte Vierge et saint Dominique de vouloir bien éclaircir ce mystère. La nuit suivante, sainte Catherine martyre apparut à l'un des trois religieux prêtres de ce couvent. (Il n'est pas nommé dans la chronique, mais on pense que c'est au Père Dominique Galliano, Supérieur, très dévot à la sainte, que fut accordée cette grâce.) Elle lui révéla que les trois dames apparues la nuit précédente étaient la Mère de Dieu, sainte Marie-Madeleine et elle-même[1].

Il est difficile de décrire la dévotion extraordinaire que les religieux et toute la population de Soriano manifestè-

---

1. La plupart de nos lecteurs savent que ces deux saintes ont accompagné la Sainte Vierge plusieurs fois, quand elle est apparue à saint Dominique ; c'est une des raisons pour lesquelles sainte Marie-Madeleine et sainte Catherine martyre sont regardées comme les protectrices de l'Ordre des Frères-Prêcheurs.

rent pour cette image apportée du ciel par la Vierge Marie. On la fit encadrer soigneusement et on la plaça au-dessus du maître-autel, comme l'avait demandé la Mère de Dieu.

Telle fut l'origine de ce Sanctuaire de saint Dominique, qui ne tarda pas à être célèbre dans le monde entier, comme nous aurons à le dire.

Nous aurions voulu prouver ici-même l'authenticité des faits déjà racontés. Mais pour ne pas interrompre l'intérêt du récit, nous avons préféré renvoyer cette discussion à la fin de cet opuscule. On la trouvera dans les appendices; la lecture de ceux-ci nous semble indispensable pour bien comprendre l'histoire du Sanctuaire de Soriano et le grand mouvement de piété qu'il provoqua dans le monde entier.

§ 2. — Description de l'image de saint Dominique.

La Très Sainte Vierge elle-même est la véritable fondatrice du célèbre Sanctuaire de Soriano ; car c'est le tableau porté par ses mains et présenté au Frère convers sacristain, avec mission de dire au Supérieur de placer l'image de saint Dominique au-dessus de l'autel majeur, qui commande toute la suite des événements.

Il est temps de décrire l'image miraculeuse de saint Dominique. La toile peinte mesure 1 m. 40[1]. Le tableau

---

1. Non point 40 centimètres, comme l'écrit la *Grande Année Domi-*

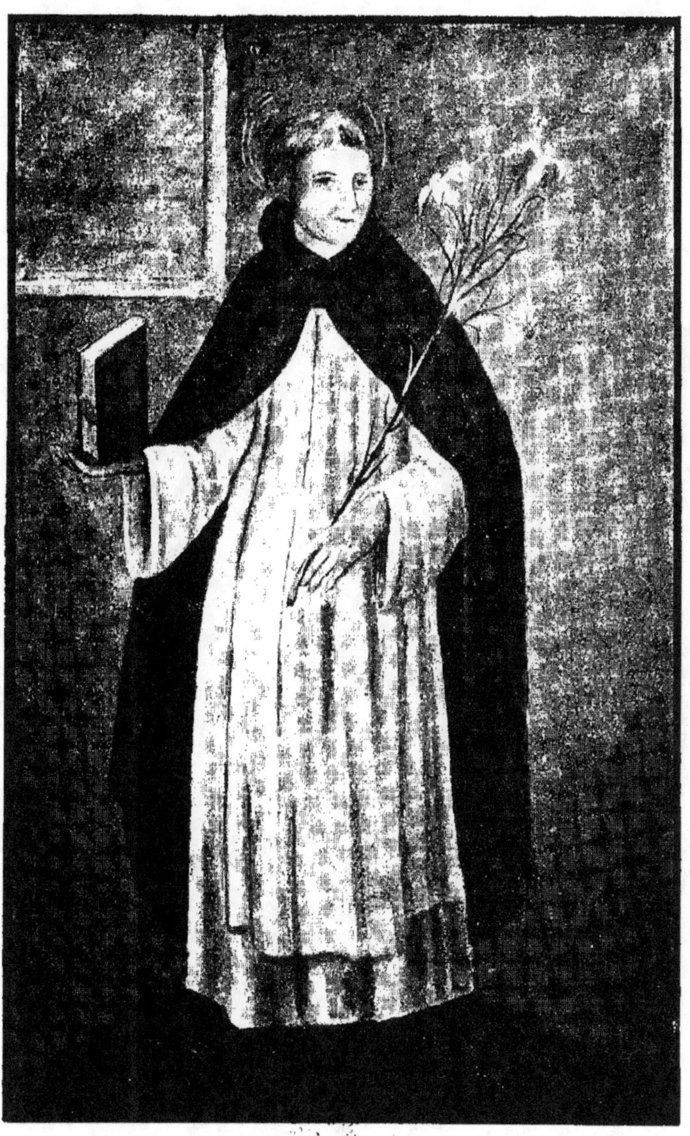

IMAGE MIRACULEUSE DE SAINT DOMINIQUE

représente saint Dominique debout, revêtu de l'habit de l'Ordre ; dans sa main droite, le fondateur des Prêcheurs tient un livre, pour signifier sa science des choses sacrées et la matière de sa prédication ; dans sa main gauche, un lis, symbole de la pureté virginale, qui contribua si puissamment au succès de son apostolat.

Les Bollandistes citent un historien qui fait une description enthousiaste du tableau miraculeux ; et la *Grande Année Dominicaine* se faisant l'écho de cet auteur, traduit complaisamment ses éloges dithyrambiques. « Dire ce qu'est cette image, exprimer avec la plume combien elle surpasse les plus beaux chefs-d'œuvre de l'art humain, nous semble aussi impossible qu'il l'a été aux peintres les plus habiles d'en prendre copie... » L'historien en question déclare que cette œuvre n'est pas inférieure aux peintures d'Apelle[2].

Nous confessons en toute simplicité notre incompétence ; cependant nous ne partageons pas tout à fait l'opinion de l'auteur cité par l'*Année Dominicaine*. Nous avons examiné attentivement le tableau à Soriano, nous sommes monté sur l'autel pour mieux le considérer ; notre impression est celle-ci : Le visage de saint Dominique est beau, plein de douceur et de bonté, l'artiste a su donner au grand Patriarche une expression toute surnaturelle qui émeut le cœur. Mais, pour

nicaine du 15 septembre. Mais peut-être s'agit-il d'une faute d'impression.

2. On sait qu'Apelle est le plus illustre des peintres de l'ancienne Grèce.

tout le reste, on peut dire, avec nombre d'auteurs, que l'image dans son ensemble est assez grossièrement peinte — *satis ruditer depicta.*

Sur notre désir, on a fait prendre du tableau une photographie que nous publions ici même, afin que les lecteurs puissent juger. Le photographe toutefois n'a pu faire une œuvre plus nette que l'original. Car l'image de saint Dominique a beaucoup souffert du terrible tremblement de terre de 1783, qui détruisit la magnifique église et le couvent ; on dut, après beaucoup d'efforts et de travaux, extraire le tableau des décombres et des matériaux accumulés sur lui. Nos lecteurs trouveront donc ici la photographie très récente d'une toile abîmée.

La main gauche de saint Dominique, la manière dont elle tient le lis, la façon plutôt étrange dont la main droite soutient le livre des Écritures dénotent un artiste assez maladroit. Si ce sont les anges qui ont peint ce tableau, il faudrait conclure qu'ils ont délibérément renoncé à mettre en usage leur science de l'anatomie et leur habileté artistique bien supérieures à celles de Raphaël ou d'Apelle. Nous pensons plutôt que la Très Sainte Vierge inspira à un peintre humain, très pieux, mais d'un talent ordinaire, de faire ce tableau, qu'Elle-même porta à Soriano, pour en faire l'instrument de tant de prodiges. Beaucoup de sanctuaires de Marie possèdent des statues ou des images qui ne sont pas des chefs-d'œuvre ; on le constate particulièrement à Valle di Pompéi, près de Naples, où l'on vénère un tableau assez imparfait de Notre-Dame du Rosaire, qui attire pourtant une affluence de pèlerins telle, qu'on a pu surnommer ce lieu béni le Lourdes de l'Italie.

L'*Année Dominicaine* dit : « Les peintres les plus habiles n'ont pu prendre copie de ce tableau. » Disons plutôt qu'ils n'ont pu prendre une copie absolument parfaite. Et en voici deux raisons. D'abord, il est dit que plusieurs fois le visage du Saint, en présence de nombreux témoins, et notamment devant des peintres qui voulaient reproduire le tableau, a projeté des rayons lumineux qui les éblouissaient. Ensuite aucun artiste n'a réussi à rendre exactement l'expression surnaturelle, l'air de majesté et de douceur qu'on admire sur les traits de saint Dominique. Aussi, les copies du tableau de Soriano répandues dans le monde catholique sont-elles toutes imparfaites et assez différentes de l'original, au moins quant à l'expression céleste du visage du saint Patriarche.

CHAPITRE III

HISTORIQUE DU SANCTUAIRE

Dès les premières années qui suivirent la donation du tableau de saint Dominique par la Très Sainte Vierge, les offrandes des fidèles vinrent en aide aux religieux pour construire une église plus ample et un couvent plus vaste. Mais bientôt il fallut penser à recevoir les pèlerins, à les nourrir pendant leur séjour à Soriano. Or, le pays était pauvre et incapable de couvrir les frais considérables qu'entraînèrent tous les travaux de constructions. En peu d'années pourtant on put construire une belle église, un couvent capable d'abriter une centaine de religieux ; on acquit dans les environs beaucoup de champs à cultiver, afin d'avoir des rentes fixes et certaines, pour pouvoir maintenir la splendeur du culte divin, nourrir une grande communauté et les centaines de pèlerins qui étaient logés dans les dépendances du monastère. Tout cela suppose le nombre prodigieux de grâces obtenues par les fidèles qui venaient à Soriano déposer leur offrande.

En 1659, presque tous les édifices furent abattus par un tremblement de terre ; le Sanctuaire et la ville de Soriano préservés en 1626 et en 1638, ne le furent pas en 1659.

On ne se découragea pas. Tous les dévots de saint Domi-

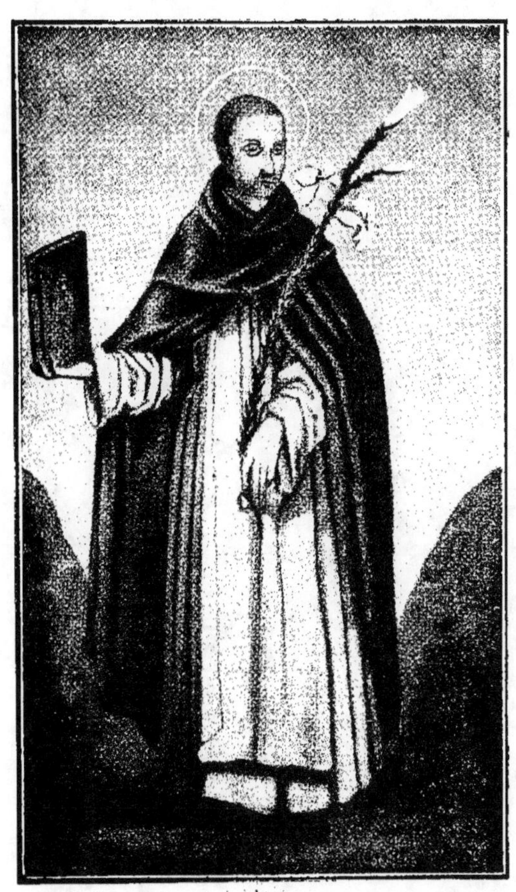

AUTRE REPRODUCTION TRÈS IMPARFAITE DU TABLEAU
DE SAINT DOMINIQUE

nique rivalisèrent de zèle et de générosité. Les grands donnèrent l'exemple ; le roi d'Espagne Philippe IV fit au Sanctuaire des dons magnifiques et voulut que toutes les constructions fussent agrandies, pour être, disait-il, « plus dignes de saint Dominique. » Le Vice-Roi de Naples, en son nom, envoya un architecte fameux pour diriger les travaux. Ceux-ci furent vraiment gigantesques. Pour augmenter la superficie du sanctuaire, il fallut enlever tout un pan d'une colline, à laquelle les anciens édifices étaient adossés. Pour transporter tous les matériaux, on ne disposait que d'attelages de bœufs ; et les routes étaient mauvaises à cette époque autour de Soriano. A force d'énergie et de persévérance de la part des ouvriers et des architectes, on eut raison de toutes les difficultés.

Au bout de quelques années, les pèlerins purent admirer les constructions vraiment colossales réalisées avec les seules offrandes des fidèles ; on donna à ces constructions la forme d'un château-fort pour résister aux tremblements de terre ; l'ensemble des édifices, le couvent avec ses trois grands cloîtres, l'abri des pèlerins et surtout l'église nouvelle, toute revêtue de marbres de diverses couleurs, firent dire à l'historien Botta que le Sanctuaire de Soriano était « une des merveilles de l'Italie méridionale ».

La grande *Année Dominicaine* nous apprend que les constructions dont nous venons de parler existent encore. aujourd'hui[1]. Hélas ! c'est une erreur, que nous ne pouvons comprendre dans un ouvrage si bien informé.

---

1. Deuxième volume de septembre, p. 493.

Car, **en** 1783, tout fut de nouveau **détruit**, **même les**
constructions les plus solides ; les secousses sismiques
de cette année-là furent parmi les plus terribles **que l'his-**
toire ait enregistrées. Il faut se souvenir que la Calabre
est la terre classique des cataclysmes de ce genre ; chaque
siècle, ou à peu près, a vu un grand tremblement de
terre.

Quantité d'objets furent ensevelis parmi les ruines ;
calices, ostensoirs, vases d'argent et de cristal, tableaux,
ornements d'autel, chandeliers artistiques, presque tout
fut brisé et anéanti. Quant à l'image de saint Dominique, ce ne fut qu'après de longs travaux qu'on put la re-
trouver et la sauver des ruines. Heureusement, comme
nous l'avons déjà rappelé, elle était encore en assez
bon état, quoique blessée et déchirée en plusieurs en-
droits.

Les religieux qui échappèrent au désastre de 1783, restèrent à Soriano et logèrent comme ils purent dans les
parties de l'immense monastère qui avaient moins souffert du tremblement de terre. On attendait des temps fa-
vorables pour reconstruire le Sanctuaire de saint Dominique. Mais deux malheurs vinrent empêcher les vœux
des fidèles de se réaliser. Une administration, nommée
par le pouvoir séculier dans ces temps orageux et qui
porta le nom de *Cassa sacra*, « Caisse sacrée », fut une
véritable calamité pour le pays. Les rentes abondantes
dont disposait le couvent autrefois, furent dissipées par
cette mauvaise administration.

Par ailleurs, la Calabre subit l'invasion française. Les

Napolitains vaincus à Mileto le 28 juin 1807, les envahisseurs n'eurent rien de plus pressé que de supprimer toutes les communautés religieuses, comme ils avaient fait ailleurs. Dans leur rapacité sacrilège, ils emportèrent ce que le tremblement de terre de 1783 avait épargné : statues et lampes d'argent, calices, ostensoirs, ornements sacrés de grand prix.

Après la Restauration des Bourbons dans le royaume de Naples, tous les dévots de saint Dominique respirèrent enfin. Les offrandes affluèrent de nouveau dans le Sanctuaire désolé. On construisit une nouvelle église et un couvent capable d'abriter une soixantaine de religieux. Mais hâtons-nous de dire que les édifices reconstruits pour la troisième fois, étaient loin d'avoir l'ampleur et la magnificence des monuments précédents.

Hélas! les gardiens du Sanctuaire, si célèbre et si cher au cœur des fidèles, n'étaient pas aux termes de leurs tribulations. En 1863, la révolution, maîtresse de l'Italie méridionale, supprima les Ordres religieux. En conséquence les Dominicains, spoliés de leurs biens et de leurs immeubles, durent abandonner ce lieu sacré qui leur était aussi cher que la vie. L'église fut respectée ; ce fut un prêtre séculier qui en devint recteur. Quant au couvent, c'est la municipalité qui s'en empara, ou plutôt qui le reçut en cadeau de l'État spoliateur ; comme elle n'avait pas une belle mairie, elle pensa que le monastère dominicain serait un palais digne d'elle et s'y installa sans plus de façon.

Mais depuis quelques années, la ville de Soriano a fait

construire une nouvelle mairie ; car le couvent, assez mal bâti après le tremblement de terre de 1783, menaçait ruine. On est disposé à rendre au légitime propriétaire ce monastère délabré[1]. Mais l'Ordre des Prêcheurs ne peut accepter ; car, il faudrait des sommes énormes pour le rendre habitable. Aussi la ville de Soriano a-t-elle conçu le projet de construire un couvent nouveau, de modestes proportions, de l'autre côté de l'église de saint Dominique, et c'est là que prochainement les Domini-cains seront installés, pour être, comme par le passé, les gardiens zélés du célèbre Sanctuaire.

1. Les murs ne sont autres que des pièces de bois assemblées et revêtues de maçonnerie, pour rendre moins dangereux les futurs tremblements de terre.

CHAPITRE IV

DÉVELOPPEMENT DU SANCTUAIRE

§ 1. — Le pèlerinage.

Nous avons parlé, dans le chapitre précédent, des constructions matérielles du Sanctuaire de saint Dominique. Nous voudrions dire un mot maintenant du développement progressif du pèlerinage et de la communauté dominicaine de Soriano.

Le mouvement du pèlerinage commença dès que la Très Sainte Vierge eut porté le tableau de saint Dominique. Mais c'est surtout au début du dix-septième siècle que ce pieux mouvement s'accentua ; et il ne fit qu'augmenter pendant ce siècle et pendant le siècle suivant. Dans les chroniques du Sanctuaire nous lisons que, certaines années, on compta environ cent mille pèlerins entre le 25 juillet et le 10 août.

Cette affluence toujours croissante de fidèles qui venaient prier devant l'image de saint Dominique et présenter leurs offrandes tantôt en argent, tantôt en nature fut l'origine de la foire de Soriano ; celle qui avait lieu autour du 15 septembre, anniversaire de l'apparition de la Sainte Vierge, devint une des foires les plus importantes de toute l'Italie.

Le Sanctuaire devint aussi une « piscine probatique » spirituelle où les pécheurs venaient se purifier ; de bonne heure, un grand nombre de confesseurs se mit à la disposition des pèlerins, surtout dans les mois d'août et de septembre.

Le pape Alexandre VII institua à Soriano un pénitencier spécial, qui avait le pouvoir d'absoudre des censures et des cas réservés, comme dans la basilique de Lorette et les grandes basiliques romaines. Ce grand pénitencier fut institué pour cinq ans ; mais les successeurs d'Alexandre VII renouvelèrent cette charge pour d'autres périodes de cinq ans.

Afin que les nombreux religieux eussent la facilité de s'adonner à l'étude, à la vie contemplative et au ministère actif dans le Sanctuaire et dans la Calabre, afin aussi d'héberger les pèlerins accourant par milliers, il fallait des ressources énormes et fixes. On résolut alors d'appliquer une bonne part des offrandes des fidèles à l'achat du comté de Soriano, devenu vacant par la mort de François Marie Dominique Carafa, dernier duc de Nocéra, décédé sans légitime successeur. Depuis trois ans déjà, ce comté faisait partie du patrimoine de Sa Majesté catholique Philippe IV d'Espagne. Le Général de l'Ordre, consulté, donna toute permission.

Un religieux, accompagné d'un frère convers, fit le voyage de Madrid pour négocier cette affaire. En peu de

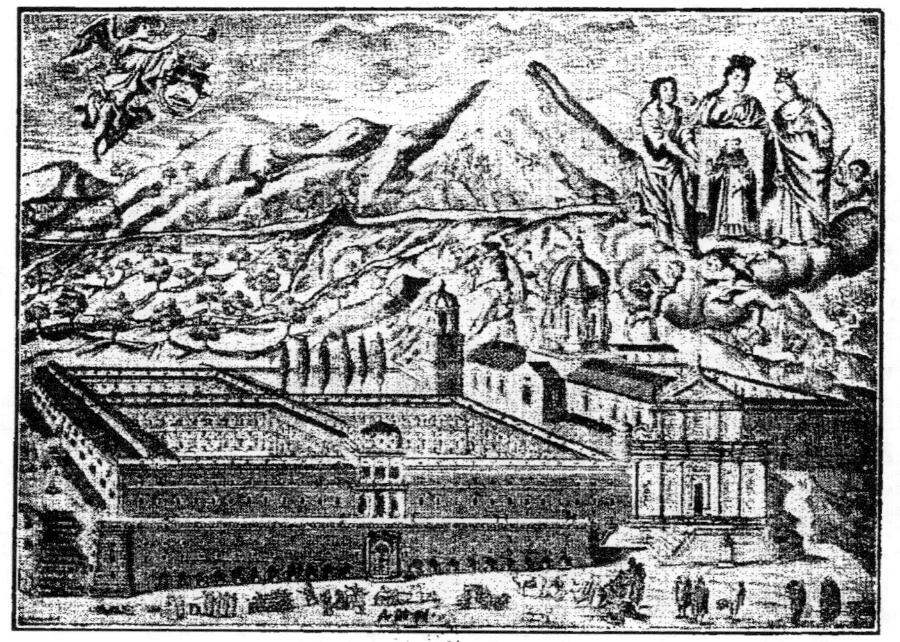

ANCIENNE ÉGLISE MONUMENTALE ET COUVENT ROYAL

jours tout fut conclu, grâce à la bienveillance du roi
d'Espagne. Philippe IV accorda même beaucoup plus
qu'on ne demandait. Le comté de Soriano, qui compre-
nait trois autres villages voisins et qui était échu au roi
d'Espagne, devint comme un petit état, confié au Prieur
de Soriano. Le tout était cédé pour quatre-vingt-quatre
mille ducats. Sa Majesté faisait grâce de quatorze mille
ducats ; on devait en payer immédiatement dix mille à
Madrid ; et le reste de la somme serait soldé dans l'espace
de dix ans au vice-roi de Naples.

Le P. Lembo, dans sa chronique, cite dans son entier
le document royal rédigé en latin, daté du 14 juin 1652 ;
il n'a pas moins de onze pages in-quarto. Nous nous
contentons d'en donner la substance :

Le Prieur de Soriano *pro tempore* devient donc comte
de Soriano et de plusieurs pays environnants. Le couvent
aura en partage les rentes d'état de ces pays, comme le
duc de Nocéra défunt ; c'est-à-dire qu'il percevra les reve-
nus de tous les fiefs, des hospices, des forêts, de la pêche,
de toutes les taxes, des biens vacants, des douanes, etc.
Le Prieur aura juridiction comme un prince dans ses
états. Il pourra créer des offices, des maîtres, des asses-
seurs, des magistrats pour rendre la justice ; il pourra
punir les délits, sans que les barons, ses vassaux, aient à
s'en mêler. Si le Prieur est absent, c'est le Sous-Prieur
qui le remplacera ; et si celui-ci est également absent, ce
sera un délégué du Prieur qui exercera l'autorité et qui
pourra punir.

Cependant dans l'exercice de la justice, Sa Majesté

catholique se réservait le crime de lèse-majesté humaine et divine, le crime d'hérésie, le délit de fabrication de fausse monnaie et quelques autres délits énumérés dans le document royal.

Philippe IV faisait observer enfin que si le comté valait plus de quatre-vingt-quatre mille ducats, le surplus était abandonné à titre de donation au Sanctuaire de Soriano, *propter ingentem affectum nostrum et devotionem erga praedictum monasterium et sancti Dominici venerabile et miraculosum simulacrum*, « à cause de notre grande affection et de notre dévotion envers le monastère et envers la vénérable et miraculeuse image de saint Dominique ».

Le tout était cédé *in perpetuum*, à perpétuité. Depuis cinq cents ans on n'avait pas vu donation de ce genre à des moines. Le fait fut considéré comme prodigieux dans la société madrilène.

§ 2. — Approbation du Saint-Siège.

L'exercice d'une juridiction si extraordinaire mettait le Prieur de Soriano ou son remplaçant en péril de tomber sous les censures de l'Église ; car dans cette juridiction était compris le droit de glaive. On eut donc recours au Saint-Siège pour en obtenir approbation et dispense.

Le pape Alexandre VII était très attaché au Sanctuaire de Soriano. Étant évêque de Nardò, il avait fait le pèlerinage de Soriano, et édifié tout le monde par sa tendre dévotion envers saint Dominique. Quand il fut élevé sur la chaire de saint Pierre, il accorda au Sanctuaire de Soriano toutes les faveurs qui lui furent demandées.

Dans le cours de l'année 1655, la première de son pontificat, il donna au Prieur de Soriano, en son absence au Sous-Prieur ou au Vicaire du Prieur, le pouvoir de gouverner, au point de vue civil, le comté que le roi d'Espagne lui avait cédé ; il lui permit d'intervenir dans les causes criminelles des vassaux, de donner des conseils, des ordres, par écrit ou de vive voix, sans encourir les censures de l'Église ou quelque irrégularité ; cependant le Prieur, ou son délégué, devait s'abstenir de porter des sentences par lui-même ; car il répugne qu'un ministre de l'Église porte lui-même une sentence de mort ou de mutilation.

Le 25 septembre 1686, le Pape XI étendit cette autorité civile du Prieur de Soriano à cinq autres cités, dans les mêmes conditions.

§ 3. — Les grands Protecteurs.

Des évêques, des cardinaux, de nobles laïques en grand nombre ; le roi d'Espagne lui-même, ainsi que le vice-roi de Naples, rivalisèrent de piété et de générosité envers le Sanctuaire de saint Dominique. Le P. Lembo donne une longue nomenclature de statues d'argent, d'ornements d'église, de vases sacrés, de lampes, de chandeliers précieux et d'autres objets de culte offerts par ces grands personnages.

Lorsqu'il fallut reconstruire le Sanctuaire détruit par le tremblement de terre de 1659, le roi d'Espagne Philippe IV remit au Père Dominicain, qui fit le voyage de Madrid pour lui demander des subsides, la somme énorme pour le temps, de dix mille ducats. Et le vice-roi de Naples envoya une magnifique statue en argent et deux mille écus.

Parmi les visiteurs illustres, il faut nommer le cardinal Orsini, archevêque de Bénévent, qui devint Pape sous le nom de Benoît XIII. Il donna au Sanctuaire un calice d'argent, très artistique, qui pèse neuf livres.

C'est sous son pontificat que fut instituée la fête liturgique en l'honneur de saint Dominiqne de Soriano. (Évidemment il s'agit de l'institution officielle et définitive, car nous savons que le Chapitre généralissime tenu à Rome en 1644 avait demandé d'élever cette fête au rite tout-double, ce qui laisse entendre qu'elle existait déjà). A l'occasion de cette fête, afin de commémorer le moment historique où la T. S. Vierge apporta le tableau de saint Dominique, le même Pape autorisa les religicux du Sanctuaire à chanter une messe solennelle le 15 septembre, à 2 heures du matin, puis à lire à l'office de Matines des leçons propres. Ces leçons, qui racontent l'histoire du Sanctuaire de Soriano, avaient été insérées dans l'office dominicain depuis longtemps. Dans l'ouvrage du P. Vandendyck, nous lisons que ces leçons figurent dans le Bréviaire dominicain imprimé à Paris en 1666. Après information nous avons appris qu'en effet ce bréviaire contient des leçons propres, pour la fête de Soriano, au second et au troisième nocturnes[1]. Une autre édition du bréviaire dominicain, imprimée en 1672, porte également des leçons propres, mais légèrement différentes des premières ; cependant le fond du récit reste le même.

Au Chapitre généralissime tenu à Rome en 1644, sous le Pape Urbain VII, on abrogea ces leçons ; ce qui prouve que déjà on les lisait dans tout l'Ordre et non pas seulement à Soriano. Dans les leçons nouvelles, on répéta l'éloge de saint Dominique, que nous récitons le 4 août ; et à la fin de la sixième leçon on ajouta quelques lignes où l'on parlait de l'image miraculeuse de saint Dominique vénérée à Soriano et par laquelle chaque jour, *quotidie*, Dieu accomplit des prodiges.

Pourqui cette suppression des leçons propres, surtout dans un Chapitre où l'on demandait *d'élever le rite de la fête* ? Le P. Vandendyck pense, sans l'assurer absolument, que ce fut à cause de certaines erreurs accidentelles qui s'étaient glissées dans le récit ; et il souhaite qu'on remette dans l'office ces mêmes leçons expurgées de toute inexactitude, même minime. Mais les faits essentiels : l'image apportée par la T. S. Vierge, la fête liturgique instituée en l'honneur de cette image, l'affirmation contenue dans le martyrologe et approuvée par le Saint-Siège, tout cela fut parfaitement maintenu.

---

1. Nous remercions vivement le R. P. Dominique Constant qui nous a envoyé une copie de ces leçons. Le bréviaire porte le titre : *Breviarum Sacri Ordinis Praedicatorum, auctoritate apostolica approbatum, sub Venerabili P. Fr. Baptista Marini ejusdem Ordinis Magistro generali.*

Le Chapitre de 1644 ne dut pas absolument ordonner de faire disparaître ces leçons, puisque nous les retrouvons dans les éditions du bréviaire dominicain de 1666 et de 1672. On continua donc de les réciter, au moins dans beaucoup de couvents de l'Ordre, en attendant qu'elles fussent purifiées de toute inexactitude.

Quant aux religieux du couvent de Soriano, ils continuèrent sûrement à les lire ; la permission leur en fut donnée par un bref du Pape dominicain Benoît XIII, très dévot à saint Dominique de Soriano [1].

Mais revenons aux visiteurs illustres du Sanctuaire de saint Dominique.

Les Généraux de l'Ordre eurent à cœur de favoriser de tout leur pouvoir le pèlerinage de Soriano. Un bon nombre d'entr'eux s'y rendirent. Le P. Galamini, plus tard cardinal, dont nous avons déjà parlé, créa à Soriano en 1609 le bureau des constatations. Son successeur, le P. Marini, ne put aller en personne au Sanctuaire, mais il y envoya un grand religieux, le P. Thomas Marini, Provincial de Terre Sainte. Celui-ci fit des règlements spéciaux pour maintenir et développer la discipline régulière dans le couvent de Soriano et confirma l'ordre du P. Galamini d'enregistrer avec soin les miracles.

Le P. Nicolas Ridolfi, pendant son généralat, resta qua-

1. Nous lisons dans l'ouvrage du P. Vandendyck : *Conventui nostro Sorianensi indulsit, ut Lectiones proprias, in quibus tota historia miraculosae delationis per beatissimam Virginem, sanctasque supradictas comites. recitare possent die 15 septembris. Quod in Bullario nostro tomo VI, pagina 648 videre est. (Disquisitio historica, p. 80).*

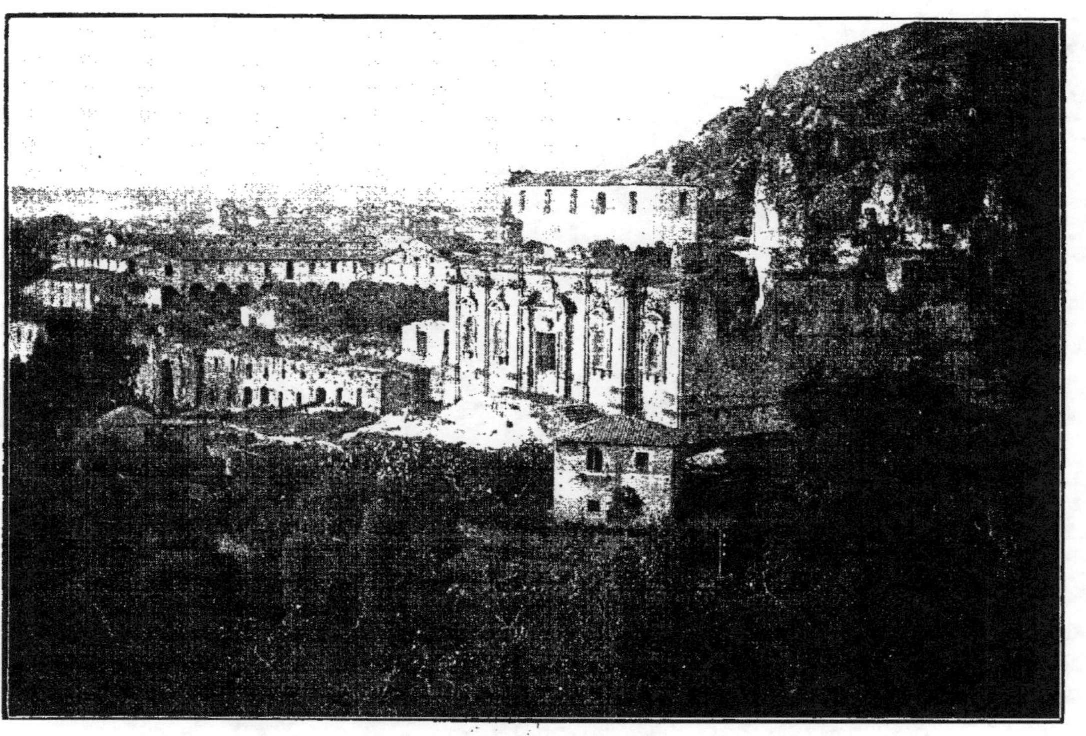

VUE DES RUINES DE L'ANCIEN SANCTUAIRE ET DE LA NOUVELLE ÉGLISE

tre mois à Soriano, édifiant tout le monde par sa dévotion pour saint Dominique et son zèle pour l'observance. Il assistait au chœur le jour et la nuit; il faisait hebdomadaire comme les simples religieux, et enseignait les cérémonies aux novices. C'est lui qui appelait le Sanctuaire de Soriano *l'œil droit du corps mystique de la religion de saint Dominique*. Aussi, au Chapitre qu'il tint à Rome en 1629, il porta cette ordonnance : « *Ordinamus ac designamus conventum Sancti Dominici de Soriano pro strictiori observantia*, — nous ordonnons que le couvent de saint Dominique de Soriano soit un couvent de stricte observance. »

Le P. Thomas de Roccaberti, Espagnol, avant d'abandonner le gouvernement de l'Ordre pour monter sur le siège archiépiscopal de Valence, voulut aller à Soriano pour vénérer l'image de saint Dominique. Il fit nu-pieds les trois derniers milles qui le séparaient du Sanctuaire ; et après avoir prié longuement le saint Patriarche, il fit don au couvent d'un magnifique calice sur lequel sont gravés les portraits de neuf saints. de l'Ordre, canonisés ou béatifiés sous son généralat.

Les historiens rendent hommage au P. Cloche, Français et Landais d'origine, pour la vigilance et le zèle qu'il déploya dès le commencement de son long généralat, en faveur du Sanctuaire de Soriano; c'est à lui que fut dédié le grand ouvrage du P. Lembo et du P. Dominique de Séminara sur les miracles de saint Dominique.

Au siècle dernier, presque tous les généraux de l'Ordre

ont fait le pèlerinage de Soriano. Le P. Aiello était Calabrais; il appartenait au couvent de Nicastro, ville peu distante de Soriano. Il eut maintes fois l'occasion de visiter le fameux Sanctuaire.

Le P. Jandel, de sainte mémoire, s'étant embarqué à Naples, comptait aborder dans un port calabrais et de là se rendre à Soriano pour vénérer l'image de saint Dominique et visiter les religieux. Mais, à cette époque, le choléra sévissait à Naples. Aucun port de la Calabre ne consentit à recevoir les deux cents Napolitains qui étaient à bord, et le vaisseau dut revenir à Naples. Mais le P. Jandel continua à s'intéresser vivement à Soriano; il y envoya un délégué, le P. Acquarone, que le P. Cormier appelle le P. Besson de l'Italie à cause de ses vertus religieuses et notamment de sa charité[1].

Le P. Früwirth, aujourd'hui cardinal, fit le pèlerinage de Soriano dès qu'il fut élu général de l'Ordre.

Le P. Cormier, de sainte mémoire, fut également pèlerin du Sanctuaire.

Et le P. Theissling, son successeur, visita aussi ces saints lieux; il y fut accueilli avec enthousiasme par la population, privée de la présence des Pères Dominicains depuis la suppression des Ordres religieux. Il promit aux habitants de leur donner des Fils de saint Dominique. Cette promesse sera réalisée sans tarder par le Maître Général actuel de l'Ordre, le R^{me} P. Paredes, qui a visité également le Sanctuaire de Soriano; car nous l'avons

---

1. *Vie du P. Jandel,* par le P. Cormier; liv. III, ch. v.

entendu nous-même formuler le projet bien arrêté de reprendre l'église de saint Dominique et de favoriser de tout son pouvoir le mouvement du pèlerinage.

§ 4. — Vie exemplaire des religieux de Soriano.

Aux dix-septième et dix-huitième siècles, le couvent de Soriano fut un foyer d'observance monastique, d'étude et d'apostolat. Noblesse oblige. On aurait trouvé bien étrange qu'une telle maison n'eût pas été exemplaire dans l'Ordre.

Longtemps le grand couvent de Soriano fut regardé « *ut speculum Ordinis* », comme un miroir de l'Ordre. Il fournit un bon nombre de Maîtres des novices à d'autres Provinces, notamment au couvent de la Quercia près de Viterbe, aux couvents de la Minerve et de Saint-Sixte à Rome; beaucoup de couvents de l'Italie méridionale imitèrent la rigueur de sa vie monastique et furent d'une exactitude irréprochable dans la récitation de l'office divin, le service de l'église, l'oraison mentale, la récitation quotidienne du Rosaire, dans l'observance du silence, du recueillement et des autres pratiques pénitentielles en usage dans l'Ordre.

La vie apostolique était en honneur dans ce couvent modèle; on y sentait le souffle de cet apôtre incomparable que fut saint Dominique. Les religieux multiplièrent les missions populaires dans les provinces calabraises; plusieurs d'entre eux furent envoyés par les Maîtres généraux en Arménie, à Constantinople, dans d'autres régions soumises à l'empire turc. Quelques-uns furent réduits en esclavage par les mahométans et eurent la gloire de mourir en captivité pour la foi.

Enfin dans le couvent de Soriano les études furent très florissantes pendant les dix-septième et dix-huitième siècles. De nombreux Maîtres en théologie sont sortis de son collège ; on y tenait souvent des académies et des discussions publiques sur des sujets de philosophie et de théologie.

Des ouvrages concernant l'étude de la théologie et la prédication y furent publiés ; c'est là que le P. De Sanctis, Calabrais, composa un résumé très apprécié de la *Somme théologique* de saint Thomas et des commentaires sur divers livres de la Sainte Écriture.

La bibliothèque du couvent de Soriano passait pour l'une des plus riches de l'Italie méridionale ; le monastère possédait une imprimerie, d'où sortit notamment la première édition de la chronique du P. Lembo sur les miracles de saint Dominique. On annexa même au couvent une grande pharmacie pour le personnel du Sanctuaire et la population.

Les historiens du Midi de l'Italie sont unanimes à affirmer que le monastère dominicain de Soriano fut, pendant près de deux siècles, un centre de vie intellectuelle, civile et religieuse pour les Calabres.

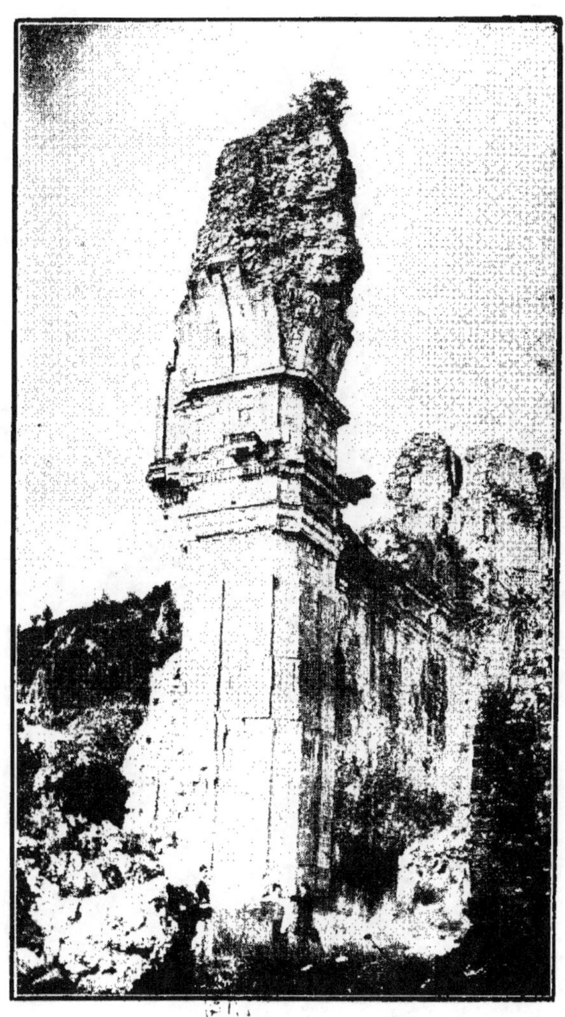

PILIER DE L'ANCIENNE ÉGLISE RUINÉE

CHAPITRE V

MIRACLES DE SAINT DOMINIQUE
DE SORIANO

Nous ne ferons que résumer, autrement il nous faudrait écrire un gros volume.

Le P. Lembo et le P. Dominique de Séminara, dans un ouvrage in-quarto de 630 pages, font une relation tantôt détaillée, tantôt très abrégée des miracles de saint Dominique de Soriano, depuis 1609 jusqu'en 1687. Pendant les cinquantes premières années qui suivirent la fondation du Sanctuaire, c'est-à-dire pendant la deuxième moitié du seizième siècle, les religieux négligèrent d'écrire les prodiges opérés par le saint Patriarche ; les historiens en racontent cependant un bon nombre dont la mémoire des fidèles et des Fils de saint Dominique avait conservé un souvenir exact. Mais, à partir de 1609, sur l'ordre formel du général des Dominicains, deux notaires furent chargés de consigner par écrit les grâces miraculeuses octroyées par Dieu à l'intercession de saint Dominique. En lisant ces relations, on ne peut s'empêcher de penser au Bureau des constatations de Lourdes ; il est évident cependant qu'à Soriano il n'y avait point le même appareil ni la même rigueur scientifiques.

De 1609 à 1687, seize cent neuf faveurs miraculeuses sont rapportées, toutes numérotées avec soin, toutes racontées devant témoins et devant deux notaires, avec indication de la date et du genre de miracle obtenu. On remarque des sourds, au nombre de sept; vingt et un muets ou sourds-muets; une vingtaine d'aveugles; quatre cancers ou lupus... Des plaies incurables, des blessures mortelles ou très graves, ont été instantanément cicatrisées. On ne peut s'empêcher de sourire en voyant le grand nombre de gens blessés par les brigands de la Calabre, et guéris par le bon et doux saint Dominique. Dans une trentaine de cas, des membres brisés, atteints de paralysie totale ou partielle, recouvrèrent subitement le mouvement.

Citons quelques-uns des faits les plus remarquables.

Un ouvrier, près de Cérignole, dans les Pouilles, eut un doigt fracassé; celui-ci ne tenait plus à la main que par la peau. Plein de foi et de confiance, l'ouvrier va à l'église des Dominicains, s'agenouille devant un tableau qui reproduisait saint Dominique de Soriano, oint son doigt avec l'huile de la lampe qui brûlait devant la sainte image et enveloppe sa main de charpie. La douleur se calme aussitôt; et quelques jours après, l'ouvrier voulant voir l'état de son doigt, s'aperçoit, avec stupeur, que le doigt fracassé s'était détaché de la main et qu'un doigt nouveau, tout frais, lui avait été fabriqué par la puissance divine.

Pierre Vecchio, de Castelbono en Sicile, avait perdu successivement trois de ses fils; le quatrième qui lui reslait était sourd-muet de naissance. Le père désolé le voyait grandir sans que son état semblât devoir s'améliorer ; l'enfant avait déjà dix-huit ans. Or, à Castelbono, au couvent des Dominicains, on célébrait très solennellement, le 4 août, la fête de saint Dominique. La veille de la fête, c'était l'usage d'exposer le Saint Sacrement à l'adoration des fidèles et de donner une heure déterminée à ceux qui fréquentaient l'église des Prêcheurs. Excellent chrétien, Pierre Vecchio vint faire son heure de garde ; très dévot à saint Dominique, tandis qu'il se tenait devant le Saint Sacrement exposé, il priait aussi avec ferveur le Patriarche des Prêcheurs, lui demandant de vouloir bien avoir pitié de son fils. S'étant légèrement assoupi, il crut voir un religieux dominicain qui lui disait : « Invoque trois fois saint Dominique de Soriano et n'oublie pas de dire le nom de Soriano. Va visiter mon église, car ton fils est guéri. » Pierre Vecchio sursauta et de suite prononça trois fois l'invocation à saint Dominique de Soriano. Quelques instants après, il vit entrer son fils dans l'église ; et celui qui était muet depuis dix-huit ans, dit à son père : « Père, remerciez avec moi le Patriarche saint Dominique de Soriano ; et vous, donnez-moi votre bénédiction, car je suis guéri. » Le marquis et la marquise de Géraci, en Sicile, et une grande partie de la population furent témoins de cette merveille.

Un religieux Minime, le Fr. Joseph de Placanica, du couvent de Tropée, en Calabre, avait une plaie à une jambe ; cette plaie s'étendit et s'aggrava tellement que la gangrène survint et menaça les autres parties du corps.

Après examen des médecins, il fut décidé que le membre malade serait amputé le lendemain. Le bon Frère convers, atterré à cette nouvelle, se souvint des miracles obtenus par tant de fidèles en priant devant l'image de saint Dominique. Il s'adressa lui aussi au grand Patriarche, avec toute la ferveur de son âme, promettant d'aller à Soriano, avec la permission de ses supérieurs, et d'y recevoir les sacrements de pénitence et d'eucharistie en son honneur. Saint Dominique se laissa toucher; et les témoins ont affirmé que la jambe du Frère, déjà à moitié gangrenée, fut guérie instantanément; on aurait dit que Dieu lui avait fait une jambe nouvelle, toute fraîche et pleine de vigueur.

C'est par centaines qu'on compte les moribonds qui furent rendus à la santé, soit instantanément, soit avec une rapidité qui dérogeait aux lois de la nature. Une quarantaine de chrétiens, grâce à l'intercession de saint Dominique, furent miraculeusement délivrés des mains des brigands, et surtout des mains des Turcs qui infestaient, à cette époque, les côtes de l'Italie méridionale.

A Soriano ou en d'autres lieux, mais en invoquant saint Dominique de Soriano, on a vu d'autres grands miracles, des miracles de premier ordre, que même à Lourdes on n'a jamais constaté : la résurrection d'une soixantaine de morts. Les Bollandistes parlent de douze seulement; mais le premier volume du mois d'août, imprimé dans la première moitié du dix-septième siècle, est antérieur aux autres résurrections.

Deux faits seulement :

Hyacinthe Lampari perdit un fils de trois ans. Plein de foi en saint Dominique de Soriano, il le pria de ressusciter son fils. Mais sa demande n'étant pas exaucée, ses parents et ses amis voulurent le persuader de laisser enterrer l'enfant. Mais le père s'obstina dans son refus, espérant toujours un miracle de saint Dominique ; et il garda le cadavre trois jours dans sa maison. Le curé de la paroisse vint le trouver alors et l'avertir que l'autorité civile allait intervenir. Le père répondit qu'il avait fait un vœu à saint Dominique et qu'il avait la conviction d'avoir été entendu. A la fin, les parents le croyant atteint de démence, songeaient à user de violence pour ensevelir le cadavre, déjà en putréfaction, qui répandait une odeur insupportable. Alors le père, se prosternant devant une image de saint Dominique, se met à pleurer à chaudes larmes et demande avec ardeur la vie de son fils. Soudain, le cadavre se dresse sur sa couche ; et l'enfant, rendu à la vie, regardant son père d'un air joyeux, lui dit que par l'intercession de saint Dominique il était revenu à la vie. La population entière du pays vint s'assurer du prodige et rendre gloire à Dieu.

Donato Castanese, de la Province de Lecce, très gravement malade, venait de recevoir les derniers sacrements ; son état était jugé désespéré par les médecins. Effrayé devant les perspectives de la mort, il se recommanda vivement à saint Dominique de Soriano et lui demanda la grâce de la vie : En vain, car bientôt il mourut, résigné cependant. La famille se procura les cierges et tout ce qui était nécessaire pour les funérailles. On plaça le cadavre dans une chambre ardente. Puis le curé et le clergé de la paroisse vinrent à la maison pour accompagner le corps à l'église et l'ensevelir ensuite. On allait partir... Tout à coup, Donato Castanese se dressa sur son cercueil encore ouvert; et la foule des fidèles, qui pleurait un mort, salua un vivant et se mit à glorifier Dieu pour le grand miracle opéré dans des conditions si impressionnantes.

Les historiens de Soriano affirment que toutes les grâces ne purent être consignées par écrit; surtout pour la fête de saint Dominique une foule trop grande de pèlerins venait au Sanctuaire; et plusieurs malades guéris devaient s'en retourner sans pouvoir attendre leur tour pour raconter aux notaires les grâces dont ils avaient été favorisés.

Les miraculés de saint Dominique appartiennent en majorité au royaume de Naples; mais il y en eut dans toute l'Italie, en France, en Belgique, dans les pays allemands, en Espagne, dans les colonies espagnoles et jusqu'aux Indes.

Le vœu de venir en pèlerinage à Soriano ou d'y faire de pieuses offrandes; une prière devant la reproduction du tableau de saint Dominique; une onction avec l'huile de la lampe qui brûlait constamment devant l'image de Soriano ou devant l'un des fac-similés; ou bien, chose curieuse, l'application de cordons bénits qui mesuraient la longueur et la largeur exactes du tableau de Soriano; ou encore l'attouchement d'un exemplaire de l'ouvrage qui racontait les miracles de saint Dominique, étaient au-

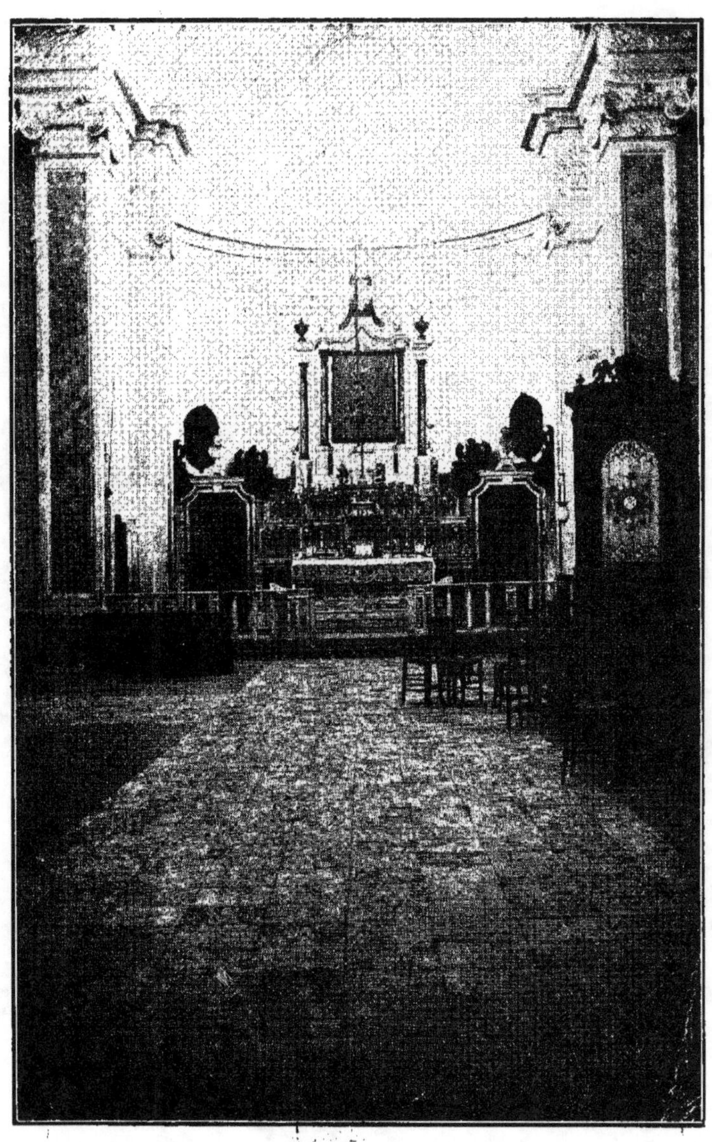

INTÉRIEUR DE LA NOUVELLE ÉGLISE DE SAINT DOMINIQUE

tant de moyens habituellement employés pour obtenir l'intervention du saint Patriarche...

Un auteur dominicain, Jean-Thomas Gastaldi, évêque de Brugneto en Ligurie, imprima à Rome, en 1650, deux volumes in-folio sur le pouvoir des Anges. Dans le premier volume il parle assez longuement de saint Dominique de Soriano. Puis il raconte que son frère, ayant fait bâtir un couvent et une église aux Frères-Prêcheurs dans la petite ville d'Alassio, diocèse d'Albenga en Ligurie, il voulut y exposer à la vénération des fidèles l'image de saint Dominique de Soriano, que lui-même avait fait toucher à l'original quand, étant Provincial de Lombardie, il avait fait le pèlerinage de Soriano.

Cette église ne tarda pas à devenir un véritable sanctuaire et se couvrit d'ex-voto. Voici seulement, parmi les nombreux miracles qui s'y produisirent, deux des plus éclatants.

Élisabeth Bertolotta était atteinte d'hydropisie depuis neuf ans. Les médecins, après avoir épuisé toutes les ressources de leur art, la jugèrent incurable. La pauvre infirme, voyant l'impuissance de tout secours humain, alla prier avec ferveur devant l'image de saint Dominique. A peine sa prière était-elle finie, qu'elle sentit comme un frisson de chaleur par tout le corps et tombant à terre elle rejeta par la bouche, dit la chronique, « trente livres de liquide » et se trouva complètement guérie. Après une enquête minutieuse et après discussion avec les médecins, la guérison fut déclarée miraculeuse par l'évêque d'Albenga.

Le jeune Sauveur Crespa fut fait prisonnier par les Turcs. Sa mère désolée se recommandait chaque jour à saint Dominique et allait prier devant son image. Un soir, se trouvant en oraison devant le tableau du Saint, elle aperçut une vive lumière qui sortait des pieds de la sainte image. Le lendemain, même prodige. La mère comprit ; remplie de joie, elle publiait partout que son fils était délivré. En effet, quelques jours après, le jeune homme revint auprès de sa mère. Il raconta qu'avec un jeune chrétien, captif comme lui, il avait sauté en plein jour dans une pauvre barque qui était sur le rivage. Poursuivi par les Turcs bien munis d'embarcations et d'armes, ils ne purent être rejoints. Les deux jeunes gens voguèrent onze jours sur la Méditerranée, n'ayant eu pour nourriture que trois petits pains, un peu de raisin et la rosée du ciel. Après informations canoniques, l'évêque du diocèse déclara ce fait miraculeux.

L'huile qui brûlait devant l'image de saint Dominique avait, elle aussi, une vertu divine. Les Bollandistes ont inséré dans le premier volume des *Acta Sanctorum* du mois d'août, le récit d'un prodige accompli, à Anvers, en Belgique, le 23 décembre 1632. (On sait que les Bollandistes habitaient la ville même d'Anvers ; l'événement eut donc lieu tout près d'eux.

La petite Catherine Praet, âgée de huit ans, était affligée depuis près de cinq semaines d'un catarrhe cérébral très grave ; l'écoulement des muqueuses était continu ; tellement que la pauvre enfant depuis dix jours ne pouvait plus se tenir sur ses pieds. Une de ses proches parentes,

Marie Tengieters, prise de compassion pour l'enfant que les médecins étaient impuissants à soulager, la prit dans ses bras et la porta dans l'église des dominicains d'Anvers. Elle éprouvait, disait-elle, une intime confiance que saint Dominique lui viendrait en aide par ses prières. Elle appela le Père Brouwer, Maître en théologie et Prieur du Couvent, et le pria instamment de donner une bénédiction spéciale à Catherine et de lui faire une onction avec l'huile de la lampe qui brûle à Soriano devant le tableau de saint Dominique.

On porte la petite malade à la sacristie. Le Père Prieur récite sur elle des prières à la Sainte Vierge et à saint Dominique ; et en même temps il applique sur son front de l'huile de la lampe du saint Patriarche. Puis le Prieur célèbre la sainte Messe à laquelle assiste Marie Tengieters, tenant toujours entre ses bras la petite Catherine. Jusque là rien de spécial ne s'était manifesté. L'infirme est reportée à la maison et placée sur sa chaise. Alors l'enfant demande : « Si le bon Dieu voulait, ne pourrait-il pas en un instant me rendre l'usage de mes jambes ? » — « Mais oui, il le pourrait, » lui répondit sa parente. A cet instant même, l'enfant sent comme un frisson qui court dans ses jambes et ses pieds ; elle se lève elle-même, peut se tenir debout et se met à marcher toute joyeuse.

Aussitôt on repart pour l'église des dominicains, et celle qui deux heures auparavant avait dû y être portée, y va à pied d'elle-même. On appelle le Prieur ; l'enfant s'écrie devant lui : « Père, c'est à saint Dominique que je dois la guérison et l'usage de mes jambes. » Les fidèles nombreux qui étaient dans l'église furent dans l'admiration et remercièrent avec la miraculée la bonté de Dieu et saint Dominique de Soriano.

Le Prieur, le jour même, fit une enquête minutieuse sur ce cas extraordinaire. Puis il pria le docteur Marquis, qui avait soigné la malade et qui passait pour l'un des plus habiles de la ville d'Anvers, de vouloir bien étudier cette guérison, d'en être l'arbitre et le juge. Le médecin, après cinq jours de réflexion et d'étude, écrivit une relation du fait prodigieux et attesta publiquement que cette guérison instantanée ne pouvait point être attribuée aux hommes, à la nature, mais à Dieu seul et à ses saints.

L'évêque d'Anvers, à son tour, reprit l'enquête, entendit les dépositions des théologiens et des docteurs, et déclara que la guérison de Catherine Praet avait été obtenue par les mérites et les prières de saint Dominique.

Un document latin officiel, publié par l'évêque d'Anvers, Gaspar, successeur de celui qui examina le cas de Catherine Praet, rapporte cet autre fait survenu le 1er novembre 1634. Catherine Van der Vaert, âgée de dix-sept ans, souffrait au sein gauche d'un cancer incurable. Malgré tous les soins et tous les médicaments, le mal empirait. Le jour de la Toussaint la malade souffrit atrocement. Alors elle supplia qu'on allât chercher, chez les Dominicains d'Anvers, de l'huile de la lampe de saint Dominique de Soriano. Je copie les termes du document épiscopal : « *Eo instanti quo intolerabiliter cruciabatur, ad tertiam unctionem subito sanata fuit.* Au moment même où la malade ressentait des douleurs intolérables, à la troisième onction d'huile, elle fut guérie subitement. »

L'évêque, dans le courant des dix mois qui suivirent, fit faire des enquêtes canoniques, nomma une commission composée de théologiens, de juristes et de médecins. On appela six témoins qui dûrent prêter serment. Le procès fut conduit avec une rigueur telle que, même à Lourdes, on ne se montre pas plus sévère. Et, au mois d'août de l'année suivante, l'évêque d'Anvers se décida à déclarer « que *cette guérison devait être considérée et publiée comme miraculeuse, faite par Dieu et obtenue par les mérites et l'intercession du saint patriarche Dominique* ».

On fait remarquer que le mal de Catherine Van der Vaert était — « *tam horrende terribile et terribiliter horrendum* — si horriblement terrible et si terriblement horrible », qu'on avait dû lui enfermer la poitrine dans un appareil de plomb pour éviter la puanteur insupportable qui se dégageait de la plaie.

Catherine d'Anza, du diocèse de Mileto, était devenue complètement sourde de l'oreille droite. Pendant deux ans, elle se fit soigner sans succès. Alors elle fit vœu d'aller à Soriano prier saint Dominique et offrir une aumône à son Sanctuaire. Un mois avant la fête du saint Patriarche, elle avertit son mari et lui demanda l'autorisation d'aller à Soriano. Le mari refusa. Alors son épouse lui rappela qu'il encourait une sérieuse responsabilité et qu'il pourrait être châtié par Dieu. « Cela me regarde, répliqua le mari intransigeant, et si un châtiment vient, il sera pour moi seul ; quant à toi, reste à la maison ; il ne convient pas que les femmes vagabondent sur les grands chemins. »

La femme inclina la tête et renonça à son pieux pèlerinage. Or, ce même jour, le mari trop sévère fut frappé à son tour, mais de surdité complète. Il comprit la leçon, et à l'occasion de la fête du 4 août, les deux époux allèrent à Soriano, prièrent ensemble dévotement devant la sainte image et tous deux furent radicalement guéris de leur infirmité.

A Rossano, en Calabre, une femme, appelée Lucrèce, était mariée à un homme d'un caractère très ombrageux et très violent, qui en vint à soupçonner la fidélité conjugale de son épouse. Un jour, dans un accès de colère, il tira à bout portant un coup d'arquebuse sur sa femme. On accourut des maisons voisines ; Lucrèce était étendue à terre. On la releva, on chercha la blessure. Elle n'était tombée que de frayeur car la balle s'était aplatie contre le cordon qui mesurait le tableau de saint Dominique et dont elle s'était fait pieusement une ceinture qu'elle portait habituellement. Et tous de rendre gloire à Dieu et à son serviteur pour un prodige aussi manifeste.

Le Père Ferdinand Arcanoni, de la Compagnie de Jésus, en résidence à Naples, fit le pèlerinage de Soriano pour remercier saint Dominique de la guérison d'une maladie grave qu'il avait contractée. Nous empruntons le récit au procès-verbal qu'il écrivit lui-même dans le Sanctuaire. Ce religieux, alors qu'il se trouvait dans la ville de Tarente, fut pris d'un mal d'estomac si douloureux, qu'il ne pouvait plus prendre ni nourriture ni repos. Tandis qu'il était en proie à d'horribles souffrances, il entendit l'évêque de Squillace en Calabre, lui parler d'une guérison merveilleuse opérée à la seule invocation de saint Dominique. Par dévotion pour le saint Patriarche, le Père Jésuite demanda à l'évêque quelque pieux souvenir de Soriano. « Je n'ai, pour le moment, répondit le prélat, qu'un volume qui raconte les miracles de saint Dominique, mais si vous le désirez, je vous le donnerai volontiers. » L'infirme accepta aussitôt avec reconnaissance ; et tout en invoquant dévotement saint Dominique, il appliqua le livre sur son estomac. A l'instant même toute douleur disparut ; et dans la suite ce pieux religieux ne souffrit plus de cette infirmité.

Chose surprenante, on cite un bon nombre de cas dans lesquels saint Dominique est intervenu sans être prié aucunement, sans même qu'on le connût !

En 1645 Adam Cracovinski, noble Polonais, naviguait entre la Norvège et le Danemark, quand il fut surpris par une furieuse tempête. Le petit navire, ballotté par les flots, menaçait à chaque moment d'être englouti. Ne pouvant souffrir l'agitation constante de l'embarcation, Adam Cracovinski s'appuya fortement sur la table et chercha un peu de repos. Il fut pris d'un léger sommeil, pendant lequel il vit l'image de saint Dominique de Soriano, qui jamais jusqu'alors n'était tombée sous ses yeux.

Éveillé par les cris des marins qui attendaient la mort d'un instant à l'autre, il s'adressa avec assurance au capitaine et aux matelots : « Prenez courage, dit-il, car j'ai vu en songe l'image de saint Dominique de Soriano ;

ce grand saint nous délivera de tout péril. » En effet, tous furent sauvés, tandis que dans les mêmes parages, où les écueils étaient nombreux, deux navires furent perdus.

Dans sa reconnaissance, le noble Polonais fit le grand voyage de la Calabre pour vénérer l'image de saint Dominique à Soriano ; cette image ressemblait bien à celle qu'il avait vue en songe sur les côtes norvégiennes. Lui-même écrivit la relation du prodige ; et à la fin du récit, il ajouta ces mots : « *Ultro oblata sancti Dominici absque notitia et invocatione gratia*, faveur accordée par saint Dominique sans l'invoquer et sans le connaître. »

Nous ne voulons pas parler ici des miracles d'ordre spirituel, c'est-à-dire des conversions qui furent innombrables. Des pécheurs publics, des hérétiques et même des Turcs furent gagnés à la vérité et à la vertu par l'intercession de saint Dominique. Ce n'est pas sans fondement qu'en Italie on a dit : « *Le corps de saint Dominique est à Bologne, mais son esprit est à Soriano.* » Les Bollandistes citent cette réflexion dans le premier volume du mois d'août des *Acta Sanctorum*.

CHAPITRE VI

MIRACLE DE LA STATUE
DE SAINT DOMINIQUE A SORIANO,
LE 15 SEPTEMBRE 1870.

En racontant l'histoire de Soriano, on ne peut passer
sous silence un prodige dont des milliers de personnes
furent témoins le 15 septembre 1870. Il ne s'agit plus du
tableau de saint Dominique, mais d'une statue du grand
Patriarche des Prêcheurs. Sculptée en 1856 par Joseph
Rufo, sur la demande du Prieur des Dominicains, le
P. Acquarone (mort en odeur de sainteté), cette statue,
dont nous publions la photographie[1], est en bois de
tilleul et d'un seul bloc. Elle représente le saint debout
sur un piédestal qui ne fait qu'un avec la statue. Aucune
ouverture pouvant donner place à un mécanisme intérieur, la statue est massive. De grandeur naturelle, elle
pèse cent cinquante kilos. La main gauche du saint porte
un livre sculpté du même bois ; un rosaire, également
de bois, pend à sa ceinture.

En 1863, les religieux avaient été expulsés du Sanctuaire et du couvent de Soriano ; leurs biens avaient été

[1]. Nous tenons à remercier le R. P. Prieur des Dominicains de
Reggio-Calabria pour sa sollicitude à faire prendre cette photographie et à nous l'envoyer.

vendus. Le couvent avait été transformé en bureau muni-
cipal, en magasin et en maison d'école, l'église avait été
confiée à un seul prêtre; et l'autorité civile avait formel-
.lement interdit que ce prêtre appartînt à l'Ordre de saint
Dominique. Seul le Père Provincial de Calabre, le P. Thomas Sarraco, était toléré dans le sanctuaire; par dévouement pour saint Dominique, il n'avait pas voulu s'éloigner; mais il ne devait aucunement s'occuper de l'administration de l'église et il fut obligé de se loger dans une
maison particulière.

Par conséquent les belles solennités liturgiques avaient
cessé dans le Sanctuaire, même le 15 septembre. Cependant les membres de la confrérie du Rosaire continuèrent
à s'occuper de la célébration de la fête de l'image de
saint Dominique selon leurs moyens. L'église n'était plus
richement ornée, comme avant la suppression du couvent; et en 1870, à cause du malheur des temps, les pré-
paratifs furent encore plus modestes.

La veille de la fête, le 14 septembre, la statue fut placée dans l'église, en dehors du sanctuaire devant le maître-autel; elle fut fixée sur deux tables et entourée de dra-
peries dont les cordes ne la touchaient point. Il avait
fallu cinq hommes pour la mettre en place[1].

---

1. Tous les détails rapportés ici sont empruntés à la brochure du
P. Rouard de Card, ex-Provincial de Belgique, qui fut délégué par
l'évêque de Mileto pour faire une enquête canonique (*le miracle de
saint Dominique à Soriano*, brochure publiée en 1871 à Louvain et
à Paris. Poussielgue, frères); au mandement de l'évêque de Mileto,
au diocèse duquel appartient Soriano; à la lettre circulaire du P. Jandel et à la grande *Année Dominicaine*.

Dès le soir, deux hommes, Charles Bertucci et Nicolas Ruffa, virent la statue faire des mouvements en avant; mais ils n'osèrent communiquer à personne leurs impressions. La nuit suivante, la messe, appelée Messe du Cadre, fut chantée à 2 heures du matin. Plusieurs personnes pieuses virent de nouveau la statue se mouvoir. Elles aussi gardèrent le silence, mais elles prièrent le saint de se manifester à tous, surtout aux hommes de peu de foi.

Entre 11 heures et midi, d'autres groupes de personnes furent témoins des mouvements de la statue. Elles firent ensemble et successivement toutes les observations pour s'assurer que ces mouvements n'étaient dus à aucune intervention naturelle. Elles en parlèrent confidentiellement autour d'elles et à leurs familles, mais par prudence elles évitèrent la publicité.

Vers midi la chose devint publique. Alors l'église, pourtant assez vaste, se remplit. Sorianais et étrangers, venus en très grand nombre pour la foire du 15 septembre, s'entassèrent dans le temple pour assister au miracle de la statue. Pendant plus d'une heure, la foule, se renouvelant sans cesse, put se rendre compte du miracle.

De nombreux témoins furent appelés devant le délégué de l'évêque et son secrétaire chargés de procéder à l'enquête canonique. Il résulte de l'ensemble des dépositions que la statue de saint Dominique se mouvait, alors que ses bases restaient fixes; que ce mouvement se faisait en forme de croix, en avant et en arrière, à gauche et à droite; que le mouvement n'était pas continu, mais se répétait à certains intervalles et n'avait pas toujours la même intensité ; qu'il était très varié : tantôt en effet la statue s'élançait avec une merveilleuse agilité et semblait nager (en italien *galeggiava*), tantôt elle faisait des sauts comme si elle voulait sortir de l'estrade. Elle se tournait comme une personne vivante, le plus souvent vers N.-D. du Rosaire ; elle s'élevait à la hauteur d'une demi-palme (terme du pays qui désigne une hauteur d'environ douze centimètres). L'action s'étendait à tout le corps, à tous les membres, sans en excepter les pieds. La main droite qui est à moitié fermée, s'ouvrait et tournait sur elle-même en forme de girandole (c'est l'expression du texte italien). Ce geste très expressif, usité dans le Midi de l'Italie, était le plus fréquent ; mais la main gauche aussi s'agitait, ainsi que le livre et le lis. La tête suivait les mouvements du corps, regardait le ciel ou se tournait vers N.-D. du Rosaire. Sur le front, l'étoile et l'auréole rayonnaient. Le visage changeait de couleur, passant d'une pâleur extrême à un rouge très prononcé, exprimant successivement la tristesse ou la sévérité, la confiance ou l'indignation, la paix ou la menace. A certains moments le visage était baigné de sueur, le front ridé, les yeux inquiets. Lorsque le saint regardait le peuple, on eût dit qu'il voulait parler ou qu'il allait pleurer. Les lèvres parfois remuaient comme celles d'un fougueux orateur.

La foule exprima d'un mot tous les mouvements et toutes les attitudes de la statue : « *Faceva da predicatore,* saint Dominique prêchait. » L'un des hommes les plus cultivés qui étudièrent le fait de Soriano, croyait devoir écrire cette attestation : « Jamais prédication parlée n'a été plus éloquente que cette prédication muette. Saint Dominique reste toujours le prince des prédicateurs. » Et le P. Rouard de Card, délégué officiel de l'évêque, a raison d'ajouter dans son rapport : « Le sujet de cette prédication devait être bien important puisque l'action oratoire était si animée et puisqu'elle a été observée pendant plusieurs heures. »

On ne peut trouver aucune explication naturelle de ce prodige. *Point de mécanisme intérieur* ; la statue est massive. Personne n'était caché au-dessous, on regarda cent fois ; et puis la statue seule se mouvait et non la table qui la soutenait.

Point d'illusion d'optique non plus ; on enleva le pavillon, on dépouilla complètement la table ; et ainsi mise à nu, la statue se mouvait encore plus visiblement. Un groupe nombreux d'hommes, dont plusieurs tout à fait incrédules, fit toute une série d'études très minutieuses, sous la direction d'un avocat distingué de Monteleone, qui se trouvait à Soriano pour la fête ; sans se laisser impressionner par les cris ou l'émotion de la foule, ces hommes se placèrent dans tous les sens ; et toujours ils observèrent les mouvements miraculeux de la statue. De tous les points de l'édifice, à toutes les distances, on faisait les mêmes constatations. L'un des assistants, Vincent de Nardo, saisit vivement la statue, la prit par les pieds, s'accrocha à son manteau ; il fut entraîné par son balancement en avant et en arrière. D'autres l'imitèrent et éprouvèrent la même force irrésistible.

Le vent soufflait violemment ce jour-là ; mais le vent ne saurait produire tous les effets que nous avons décrit, sur une statue qui pesait près de 150 kilos, et puis le vent aurait tout remué dans l'église. Or il n'en fut rien ; les cierges **ne** furent même pas éteints et les objets légers restèrent immobiles. Le P. Jandel le fait observer très justement dans la circulaire envoyée à tout l'Ordre le 8 décembre 1870 [1].

Mais au moins *le démon* peut-il produire les phénomènes qui furent admirés dans la sainte statue ?

Nous le croyons capable d'en produire au moins une partie. Ne faut-il donc pas conclure que c'est lui, l'esprit malin, qui a trompé tout un peuple ? Et alors nous serions devant des faits préternaturels, non surnaturels ; nous aurions à juger des phénomènes diaboliques, non divins !

Il y a des phénomènes que Dieu seul peut produire et devant lesquels toute hésitation est impossible ; comme par exemple la résurrection d'un mort ; le démon sûrement ne peut rendre la vie à un cadavre. Mais devant des faits qui peuvent avoir le démon pour auteur, quelle attitude devons-nous prendre ? On reconnaîtra l'action diabolique à ses effets, à ses résultats. Sûrement Satan ne se propose pas en définitive la gloire de Dieu, qu'il hait, et le salut des âmes, qu'il veut perdre ! S'il y a intervention diabolique, on la reconnaîtra à l'abandon des pratiques de la piété chrétienne, à la diminution ou à la perte de

---

1. Nous publions cette circulaire dans l'appendice VI.

la foi, à l'aversion des fidèles pour les ministres légiti-
mes de l'Église, à l'esprit de critique, à la désobéissance,
au mépris de l'autorité de l'Église, enfin bientôt au décou-
ragement ou au désespoir causé dans les âmes.

Or c'est justement le contraire qui arriva à Soriano.
C'est donc la main de Dieu qu'il faut reconnaître dans les
miracles de la statue de saint Dominique.

. Le chancelier de la préture de Soriano attesta que l'impression produite par les miracles de la statue « fut une
impression de la grandeur de Dieu, qui veut démontrer
aux hommes son existence et se manifester quand il lui
plaît ». — Écoutons quelques témoins.

.Marie-Anne Bruni, interrogée dans l'enquête canonique,
répondit : « Je tremblais d'abord, mais je me sentis ensuite portée à une grande confiance envers le saint Avocat ; et elle était si vive que, pressée de m'éloigner, je
cherchais au contraire davantage à m'approcher de la
statue. »

Annunziata Sabbatine dit : « Je craignais certainement,
mais aussi je me laissais aller à une grande confiance. »

Le F. Jean Cardile, convers dominicain, resté à Soriano
avec le P. Provincial, le P. Saracco : « J'éprouvai d'abord
une grande crainte ; ensuite je me confiai dans le patronage de notre Père saint Dominique. »

Marie Rosaire de Nardo, fervente tertiaire dominicaine :
« L'expression du visage du saint manifestait une telle
indignation, que j'étais toute tremblante ; ensuite je me
confiai dans le patronage du saint Père. »

Vincent Nesci : « Je tremblai et passai en prière toute la

journée. Je ne repris un peu de confiance qu'après avoir eu la consolation de porter avec quelques autres la statue pendant la procession. »

François Schiavello : « J'éprouvai une grande crainte, surtout au commencement. A la fin, je me laissai aller à la confiance envers le saint Avocat et *cela avec tout le peuple de Soriano.* »

Saisie par ce sentiment de la grandeur de Dieu et de sa présence manifestée par le prodige de la statue, la foule tomba à genoux, se frappant la poitrine et éclatant en sanglots, pendant que les plus incrédules, atterrés, étaient contraints de garder le silence.

Vincent Ruffo, huissier au tribunal de Soriano, appelé par le maire et interrogé sur ce qu'il avait vu, concluait ainsi sa narration : « Je suis si convaincu qu'il y a eu miracle, que je suis prêt à l'attester par le martyre. Aujourd'hui encore, disait-il quatre mois après, grâce à Dieu, je suis dans les mêmes dispositions[1]. »

Les hommes, qui examinèrent ensemble, une heure durant, les mouvements prodigieux de la sainte statue, furent si profondément émus, qu'ils s'écrièrent d'une voix unanime : « Puisque le Saint opère un tel miracle, faisons une quête, pour ordonner une fête magnifique et une solennelle procession. »

Les règlements de police interdisaient toute procession dans la soirée. Mais le maire de Soriano n'hésita pas à la permettre le soir même du 15 septembre.

---

1. Brochure du P. Rouard de Card, page 54.

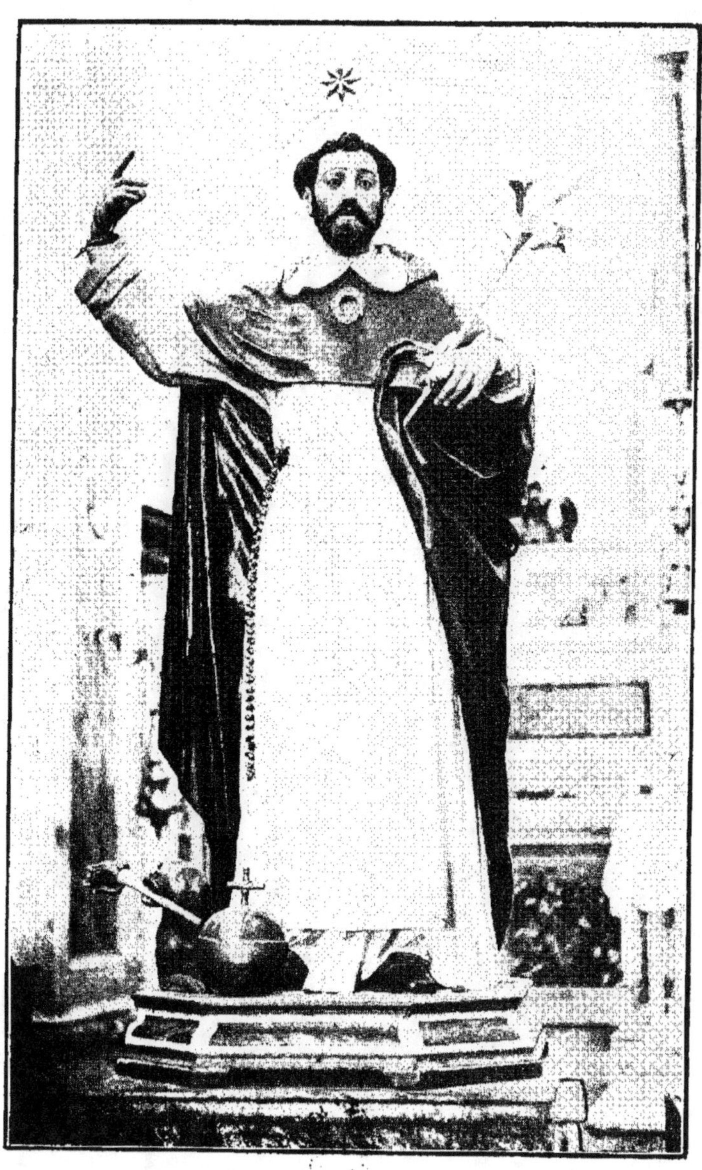

STATUE MIRACULEUSE DE SAINT DOMINIQUE

Don Bruno Ferrari, prêtre, docteur en théologie de l'Université de Naples, secrétaire du délégué de l'évêque, affirmait dans une lettre : « Jamais, de mémoire d'homme, aucune procession n'avait été célébrée à Soriano avec un si grand enthousiasme et de telles démonstrations de piété », et dans un document officiel : « Pour quiconque examine avec attention, les effets furent sérieux et l'on peut espérer qu'ils seront constants. On en jugera par ce fait : Le 4 octobre, à 6 heures du soir, on ressentit une secousse de tremblement de terre; alors un seul cri se fit entendre par toute la ville : « Saint Dominique, protégez-nous! » Le séisme ne causa aucun dommage. Tous y virent un effet de la protection du Saint et comme une continuation du miracle du 15 septembre. »

Un autre prêtre, Don Gaetano, écrivait : « Je puis attester que ce fait a eu pour résultat un grand accroissement de la piété à Soriano. »

Enfin, voici la déclaration officielle de l'évêque de Mileto : « Considérant que si aucune explication naturelle du fait ne peut être donnée, les circonstances de temps, de lieu et *les effets moraux* produits sur la population excluent toute autre intervention qui ne serait pas vraiment surnaturelle. »

« Considérant qu'il est venu à notre connaissance et établi par l'enquête que des *grâces singulières*, même d'ordre temporel, ont été obtenues, et que *les effets moraux ont été excellents pour le peuple de Soriano comme pour celui de notre diocèse,*

« Le Saint Nom de Dieu invoqué :

« Nous déclarons que *tout est surnaturel et miraculeux* dans les mouvements de la statue de saint Dominique, le 15 septembre 1870, ainsi que nous venons de l'exposer. »

L'évêque de Mileto, qui signait cette déclaration le 11 février 1871, six mois après l'événement, attestait le bien spirituel produit à Soriano et dans le diocèse entier par le prodige de la statue de saint Dominique. Ce prodige ne peut donc pas être attribué à une intervention diabolique.

L'évêque parle de grâces singulières, même d'ordre temporel. En voici deux qui furent accordées le jour même du miracle :

Concetta Barba, âgée de quarante ans, domiciliée à Soriano, appelée à témoigner, terminait ainsi sa déposition : « Je dois ajouter, et fais cette déclaration sous la foi du serment, n'ayant en vue que la gloire de Dieu, qu'en ce jour, je priai saint Dominique pour obtenir une grâce temporelle et je fus exaucée. Depuis cinq ans, je souffrais de crises gastriques ; non seulement je ne pouvais digérer aucune nourriture, mais encore j'étais obligée de rendre ce que j'avais mangé au milieu de continuelles et atroces douleurs. Ce jour-là, je fis vœu à saint Dominique et sur-le-champ je fus exaucée. Depuis cette date, je n'ai plus souffert de ce mal. »

Dans une note supplémentaire de l'enquête, Don Ferrari, secrétaire, affirme que c'est devant la statue et pendant le miracle que Concetta Barba a fait vœu et qu'elle a été *immédiatement exaucée*.

Le P. Rouard de Card rapporte cet autre fait : « Marie-Rose Ruffo, épouse de Joseph Luciano, géomètre, veillait au chevet de son fils, enfant de dix ans qui était dangereusement malade. Entendant crier : Miracle ! elle court à l'église de saint Dominique, bientôt suivie par son mari. L'enfant a le désir de voir aussi ; il se lève, vient à l'église, voit le prodige et revient à la maison, *étant en voie de guérison*, disent ses parents, ou *complètement guéri*, suivant la narration du malade lui-même. »

« *Digitus Dei est hic*, le doigt de Dieu est là ; le démon n'y est pour rien. »

Enquête officielle.

Mgr Philippe Mincione, évêque de Mileto, avait été informé, le jour même de l'événement. Il interrogea lui-même divers témoins oculaires. Puis il ordonna à l'archiprêtre de Soriano, l'abbé Cannatelli, de lui envoyer de plus amples informations. Le 15 octobre 1870, exactement un mois après le miracle, l'archiprêtre fit remettre à son évêque un rapport signé par trente témoins.

Le P. Jandel, général de l'Ordre de Saint-Dominique, reçut aussi plusieurs relations de l'événement. Avec ces divers documents et le rapport de l'archiprêtre de Soriano, dont l'évêque de Mileto lui avait envoyé une copie, il écrivit une lettre circulaire à tout l'Ordre, le 8 décembre 1870.

L'évêque de Mileto voulut aller plus loin ; il ordonna qu'une enquête plus approfondie fût faite sur les lieux ; et il en chargea le Père Rouard de Card, ex-Provincial de Belgique, docteur en théologie ; il lui donna pour notaire un prêtre fort instruit, docteur de la faculté théologique de Naples.

Les deux enquêteurs se rendirent le 20 janvier 1871 à Soriano et y restèrent dix-sept jours. Ils nommèrent d'abord trois commissaires pour dresser un procès-verbal sur l'état de la statue de saint Dominique ; les attestations de ce procès-verbal furent confirmées par un serment solennel.

Puis on choisit des témoins. On les prit dans toutes les conditions sociales : personnes instruites et gens du peuple, clercs et laïques ; car, on ne pouvait songer à entendre tout le monde. Le délégué de l'évêque reçut officiellement et canoniquement soixante et une dépositions et les fit écrire en entier pour les transmettre au chef du diocèse. Il raconte que beaucoup de gens le pressaient de vouloir bien recevoir leur déposition. Il ne pouvait sortir dans les rues ou dans la campagne, sans être assiégé de braves gens qui lui narraient les faits dont ils avaient été les témoins émus.

Le P. Rouard de Card nous donne ce détail charmant : Il interrogea divers petits enfants, et séparément, s'ils avaient vu les mouvements de la statue : « Mon enfant, avez-vous vu le miracle de saint Dominique? » — « *Si padre*, oui, Père. » — « Eh bien ! comment faisait le Saint? » — « *Faceva cosi*, il faisait ainsi. » — Et l'enfant cherchait par ses gestes et par le jeu de sa physionomie, à reproduire tous les mouvements de la statue. Le délégué observe avec raison qu'on ne peut récuser la vérité d'un témoignage présenté avec tant de naturel et cette grâce particulière de l'enfance.

Il n'appartenait pas au P. Rouard de Card de porter un jugement définitif. Sa mission était de préparer une instruction canonique. C'est après avoir longuement étudié tous les résultats de l'enquête et interrogé les hommes compétents que l'évêque, seul juge en pareille matière, se prononça.

Signification des faits.

Est-il téméraire de se demander quel était bien le sens de cette prédication si animée de saint Dominique? Car la voix populaire disait que le saint prêchait — *faceva da predicatore*. Le P. Jandel dans sa circulaire écrivait aux religieux de son Ordre : « Il ne nous appartient pas de scruter les jugements de Dieu ; ses décrets sont impénétrables : *Quis cognovit sensum Domini aut quis consiliarius ejus fuit?* — Mais nous savons que toutes les voies du Seigneur sont miséricorde et vérité : — *Universae viae Domini misericordia et veritas*. — Aussi les douloureuses conjonctures dans lesquelles ce prodige s'est accompli nous permettent de le regarder comme un avertissement d'en-haut. Ne semble-t-il pas que Dieu ait voulu nous montrer par ce signe que les péchés du monde ont comblé le calice de sa colère et nous exciter à redoubler de ferveur afin de désarmer sa justice? »

Le P. Cormier, dans sa *Vie du P. Jandel,* cite une lettre privée dans laquelle est exprimée la même idée : « L'impression générale et profonde produite à Soriano par le prodige, est une impression d'effroi et de confiance, et je la partage. Je crois que notre Père saint Dominique a voulu nous avertir des fléaux qui nous menacent et nous rappeler à la pénitence ; mais cet avertissement même est un acte de la miséricorde de Celui qui ne frappe que pour guérir[1]. »

Pour essayer de comprendre le sens de cette prédication émouvante de saint Dominique, il faut bien se rappeler à quelle époque le miracle se produisit.

Le 15 septembre 1870, c'était le moment où les troupes italiennes investissaient la ville de Rome ; trois jours après, la capitale du monde chrétien devait se rendre aux envahisseurs sacrilèges.

Le Pape avait été malheureusement abandonné par la France ; un principe venait de disparaître, le principe de l'appui et du concours effectif garanti à l'Église par la France.

La France et l'Allemagne étaient en guerre depuis un mois et demi. De graves événements se produisaient non seulement en Italie et en France, mais dans le nord de l'Europe et en Espagne. La marée montante des passions sociales menaçait de tout submerger.

En Italie, tous les Ordres religieux avaient été depuis peu supprimés et spoliés. Et pour ne parler que de So-

---

1. *Vie du P. Jandel,* l. V, chap. VI.

riano, le spectacle y était lamentable. Saint Dominique avait protégé très visiblement cette ville privilégiée depuis plusieurs siècles ; il en était la gloire avec ses Fils qui occupaient son monastère et desservaient son Sanctuaire. Or tous les religieux avaient été chassés, leurs biens vendus ; des acquéreurs s'étaient rués sur ces vastes possessions avec une cupidité révoltante. L'église du saint Patriarche, presque abandonnée, était dans la plus grande détresse ; les belles cérémonies liturgiques avaient cessé ; du moins elles n'avaient plus et ne pouvaient plus avoir la même splendeur, les religieux étant tous partis de Soriano, à l'exception du Provincial et d'un Frère convers.

Enfin, en cette journée du 15 septembre 1870, pour la première fois depuis l'origine du Sanctuaire, peut-être à cause du malheur des temps, on avait beaucoup négligé la solennité de la fête.

Ne peut-on penser que la prédication muette de saint Dominique s'adressait à toute l'Europe, coupable à bien des égards en ce temps-là ? Ne peut-on affirmer que le Grand Prêcheur pensait à Rome d'une manière spéciale, à l'usurpation dont était victime le Vicaire du Christ, au vol sacrilège des biens ecclésiastiques ? Ne peut-on dire que le fondateur des Frères-Prêcheurs s'adressait aussi à ses fils pour les encourager et les inviter à porter la croix et à renouveler leur ferveur ? Beaucoup de religieux le comprirent ainsi.

Les habitants de Soriano prirent leur part de la forte leçon que donnait saint Dominique au monde : « Le peuple, dit le délégué de l'évêque de Mileto, a compris que saint Dominique lui adressait des reproches, qu'il le menaçait de la colère de Dieu et qu'il était profondément ému à cause du châtiment que les péchés des hommes ont mérité. La foule a interprété dans ce sens la pensée du prédicateur, et avec cette merveilleuse intelligence qu'ont les peuples méridionaux de chacun des gestes de l'orateur, elle a compris encore que le saint lui demandait de changer de conduite, qu'il lui recommandait la prière, la confiance en la puissante intercession de Marie et en particulier la dévotion au T. S. Rosaire. »

Le lecteur s'appliquera à lui-même (et nous voulons l'imiter en cela), le sermon si efficace de saint Dominique ; il priera pour le triomphe du bien dans le monde, il se sanctifiera lui-même le premier, il aura recours à la Mère de Dieu et se servira pour cela de son Rosaire.

APPENDICES

APPENDICE I

Authenticité des faits déjà racontés.

L'histoire que nous avons racontée n'a pas son origine
dans des récits transmis par des personnes légères ou in-
constantes ; elle a sa source dans les attestations solennel-
les de religieux exemplaires et de saints prêtres. De ces
faits surnaturels, on dressa des relations authentiques qui
furent conservées dans les archives du couvent de Soriano,
où des historiens au-dessus de tout soupçon les ont vues
et en ont pris note. Voici les noms de quelques-uns de ces
historiens : c'est d'abord Silvestre Frangipane, docteur en
théologie, qui fut deux fois Prieur du couvent de Soriano,
puis de deux autres couvents et deux fois Provincial de
Calabre. Il fut le premier à écrire l'*Histoire du Sanctuaire
de Soriano* ; il la publia à Messine en 1621 ; on en fit une
deuxième édition à Messine en 1634, une troisième à Rome,
avec l'autorisation du Siège apostolique, en 1642 ; une quatrième à Gênes en 1652, une cinquième à Naples en 1656 et
enfin une dernière à Rome en 1659 ; ces détails manifes-

tent la célébrité que le Sanctuaire de saint Dominique acquit rapidement dans toute l'Italie.

L'histoire écrite par le P. Silvestre Frangipane fut tra-
duite au dix-septième siècle en français, en espagnol et en
néerlandais.

Or, ce religieux, très docte et exemplaire, qui eut toute
la confiance du général de son Ordre, confesse lui-même
qu'il ne croyait pas à l'histoire prodigieuse de Soriano
et aux miracles qui s'y accomplissaient. Il se rendit au
Sanctuaire, examina toutes choses avec le plus grand soin,
interrogea des personnes très sûres, vit des miraculés ; il
s'aperçut par lui-même que les faits dépassaient même ce
qu'on racontait ; et pour réparer son incrédulité première,
il se mit à écrire l'*Histoire du Sanctuaire de Soriano*.

Autre historien : c'est le P. Ignace Ciantes, ancien élève
du couvent de la Minerve, à Rome, qui fut envoyé en
Calabre comme visiteur des couvents de l'Ordre par Nicolas Ridolfi (Maître général des Dominicains de 1629
à 1644), et qui fut plus tard évêque en Lombardie. Lui
aussi vit les documents, lui aussi fut témoin des miracles,
lui aussi en publia des collections.

Le P. Antonin Lembo, religieux prêtre, Maître en théologie, Prieur du couvent de Soriano, puis Provincial de
Calabre, vit les mêmes documents aux archives du couvent avant le terrible tremblement de terre de 1659, dont
nous aurons à dire un mot. Il fit imprimer sa *Chronique
volumineuse* en 1664, au couvent même de Soriano, qui à
cause du développement prodigieux du Sanctuaire avait
acquis une imprimerie pour publier les grâces obtenues
par l'intercession de saint Dominique. Son histoire très
détaillée relate l'origine du couvent, l'origine de l'image de

saint Dominique et les miracles accomplis jusqu'en 1664. Cet ouvrage fort intéressant, écrit en italien, fut continué jusqu'en 1687, par le P. Dominique de Seminara, Maître en théologie. L'édition du P. de Seminara fut imprimée à Messine en 1687.

Le Sanctuaire de Soriano a eu d'autres historiens, comme le fameux Echard, de l'Ordre des Frères-Prêcheurs; les Bollandistes, Taccone Gallucci, excellent écrivain italien, et tant d'autres qu'il n'est pas utile de nommer ici. Toute la littérature de la Calabre est remplie du souvenir de l'image miraculeuse de saint Dominique. Nous ne nous occupons que des premiers historiens; car ils constituent la source où les autres ont puisé.

L'histoire du tableau miraculeux de saint Dominique a pour elle le témoignage universel et constant des religieux de la Province calabraise et des habitants de Soriano. Mais voici deux documents bien authentiques qui attestent le prodige et qui furent copiés dans les archives du couvent.

Premier document (je traduis à peu près textuellement le P. Lembo que reproduisit, au siècle suivant, le P. Vandendyk) : « La vérité de toute cette histoire concernant le couvent de Soriano et l'image de saint Dominique apparaît dans la déposition solennelle faite en 1610 par quatre prêtres vénérables, curés de paroisses voisines : Dom Balthazar Greco, Dom Augustin Gamaro, Dom Octave Himeneo, et Dom Fabius Lanza. En présence du Prieur, le P. Joseph Garzia de Stilo, maître en théologie, ils ont affirmé sous la foi du serment avoir entendu souvent raconter l'histoire merveilleuse de Soriano par P. Dominique Galiano, Supérieur du couvent au moment où la Très Sainte Vierge porta le tableau miraculeux, qui le reçut lui-même des mains du Fr. sacristain, Fr. Laurent de Grotteria.

De ce témoignage solennel, on prit acte. Le soin en fut confié au notaire Jean-André Raffaele, assisté du juge François Greco. Plusieurs témoins, en outre, furent appelés, qui signèrent la déposition. Ce sont : Dominique Raffaele, Alphonse Curiale, Scipion Stali, François Faraone.

Second document : C'est la déposition, faite également sous la foi du serment, de Noël Sorbilli. Celui-ci n'est autre que le jeune tertiaire qui habitait le couvent de Soriano et secondait le Fr. Laurent à l'église, à l'époque où la Très Sainte Vierge porta le tableau de saint Dominique. Il était entré dans le clergé séculier, était devenu prêtre, et habitait son pays natal, Pungadi. En 1610, il avait quatre-vingt-dix ans. Prié de venir à Soriano pour faire sa déposition devant le notaire, les juges et les témoins, il hésitait à répondre à l'appel des Pères, à cause de son grand âge. Mais, la nuit suivante, saint Dominique lui apparut, le réprimanda et lui ordonna d'aller, aussitôt que possible, faire reconnaître l'authenticité de son image. Il vint donc à Soriano, et, ému jusqu'aux larmes, le saint vieillard raconta ce que nous savons déjà sur l'origine du tableau.

La critique la plus exigeante n'a-t-elle pas de quoi être satisfaite ? Voilà un témoin oculaire, qui a déposé sous serment. Voilà quatre prêtres vénérables qui affirment avoir entendu souvent le récit d'un autre témoin, bien qualifié, c'est-à-dire du Supérieur lui-même !

APPENDICE II

Réponse à quelques objections.

Peut-être des critiques trop rigoureux pourraient-ils dire : « Montrez-nous les documents primitifs de cette histoire. » Nous pourrions leur répondre : Montrez-nous vous-mêmes les documents premiers de tant de faits admis par tout le monde, qu'il s'agisse d'histoire profane ou qu'il s'agisse d'histoire sainte. Nous n'avons pas les documents originaux, mais des copies fidèles de ces documents. De même ici, pour l'histoire de Soriano, nous n'avons pas les documents primitifs, mais des copies authentiques de quelques-uns, qui suffisent à nos préoccupations scientifiques.

Pourquoi n'avons-nous pas les documents originaux, puisque après tout l'histoire du Sanctuaire de Soriano remonte seulement au milieu du seizième siècle ? C'est qu'ils furent détruits, anéantis par l'effroyable tremblement de terre de 1659, décrit par le P. Lembo, qui en fut le témoin oculaire.

En 1626 et 1638 déjà, des tremblements de terre avaient dévasté la région calabraise et fait des milliers de victimes ; mais Soriano avait été épargné.

1659, par contre, bouleversa Soriano. Toutes les maisons furent jetées à terre. Le couvent et l'église des Dominicains croulèrent comme le reste. Le couvent comptait alors quatre-vingts religieux : neuf d'entre eux périrent sous les ruines. Quant aux archives, elles furent anéanties par un véritable déluge qui, pendant deux jours et une nuit, « fit

penser, dit le P. Lembo, au déluge du temps de Noé. »
Celui qui écrit ces lignes a vu les résultats du tremblement
de terre de Reggio et de Messine èn 1908 et peut attester ce
que deviennenl des manuscrits sous des monceaux de
pierres, de chaux, de poussière, lesquels sont ensuite inon-
dés par les pluies torrentielles qui succèdent généralement
aux grands tremblements de terre.

Heureusement, les historiens que nous avons nommés
plus haut avaient vu, lu avec la plus grande attention les
archives précieuses de Soriano et en avaient pris bonne
note avant le cataclysme de 1659. L'honnêteté naturelle
demande qu'on fasse confiance à ces hommes religieux,
prêtres, de grande doctrine et de piété exemplaire, dont
quelques-uns occupèrent de hautes charges dans l'Église
et dans l'Ordre de Saint-Dominique.

Du reste, nous verrons que l'épiscopat du royaume de
Naples, le Souverain Pontife, l'univers chrétien, ajoutèrent
foi à leur récit. Ils y furent portés aussi par les miracles
innombrables accomplis à Soriano même ou en dehors de
Soriano, soit en priant saint Dominique, soit en faisant
usage de l'huile qui brûlait constamment dans une lampe
devant l'image du saint Patriarche.

Lors de la catastrophe, saint Dominique, il nous plaît
de le remarquer, fit un miracle éclatant. Malgré leur terreur,
les religieux se préoccupèrent vite du sort de la sainte
image. « Ce pauvre tableau, pensaient-ils, aura été anéanti. »
On fit des travaux de déblaiement... Non seulement le
tableau de saint Dominique était intact, mais la glace elle-
même qui le protégeait de la poussière n'était pas brisée.
Pourtant l'autel était écrasé, et au-dessus de l'autel et du
tableau, une énorme quantité de pierres et de matériaux

s'était écroulée. La sacristie, qui contenait de riches ornements, des vases précieux, des broderies de grande valeur,
offerts par les fidèles, en reconnaissance des grâces reçues,
n'avait pas été ébranlée. Sans vouloir crier au miracle à
tout propos, la conservation du tableau, pour le moins, ne
semble pas pouvoir s'expliquer par des causes naturelles.

APPENDICE III

Saint Dominique, patron du royaume de Naples.

Voici un fait bien significatif, qui constitue un bon argu-
ment pour notre thèse. En 1640, le royaume de Naples
s'adressa au Souverain Pontife pour obtenir de lui la
proclamation de saint Dominique comme Patron tutélaire
de tout le royaume. Ici les documents abondent.

La ville et le royaume de Naples ne manquaient pas de
saints protecteurs. Mais comme, à partir des premières
années du dix-septième siècle, la renommée du Sanctuaire
de Soriano s'étendait dans la chrétienté en raison des prodiges, des miracles, des grâces de toutes sortes obtenus en
priant saint Dominique de Soriano, les fidèles de la capitale voulurent que le saint Patriarche fût proclamé protecteur du royaume : et ils eurent gain de cause.

Le Vice-Roi de Naples, Dom Ramirez Guzman, duc de
Medina, qui gouvernait au nom de Philippe IV, roi des
Espagnes, réunit le « parlement général » composé de tous
les barons, comtes, archevêques et évêques du royaume.
On exprima le vœu adopté à l'unanimité par l'assemblée
dans laquelle siégeaient 140 archevêques et évêques, de

demander au pape Urbain VIII, alors régnant, la faveur de proclamer officiellement saint Dominique, patron tutélaire de tout le royaume de Naples. Dans l'acte envoyé à Rome, on allégua entre autres motifs, les deux suivants :

1° Les bienfaits accordés par la bonté divine à la cité et au royaume en vertu des mérites de saint Dominique, fondateur des Frères-Prêcheurs ;

2° La présence, à Soriano de Calabre, de l'image portée par la Sainte Vierge, Mère de Dieu, cette image céleste ayant été, et étant encore *l'instrument de miracles et de grâces presque innombrables* — « tot et propemodum innumera manus Domini patravit nec desinit patrare miracula et gratias conferre. »

Dans ce document officiel on parle des foules de pèlerins qui accourent à Soriano de toutes les parties du monde, *comme à un asile très puissant et à une source de prodiges surnaturels*, et qui se retirent comblés de grâces admirables.

La Congrégation des Rites appuya la demande du royaume de Naples et le Pape Urbain VIII publia le 23 août 1640 un Bref qui proclamait saint Dominique protecteur spécial de tout le royaume. Par les soins du Vice-Roi, le Bref du Pape fut promulgué dans tout le royaume. Cette publication rappelle encore le vœu des 120 évêques et 20 archevêques, auxquels s'associaient tous leurs Chapitres et tout leur clergé.

Tel fut le crédit accordé aux premiers historiens du Sanctuaire de Soriano ; et cette foi fut corroborée par les miracles et les grâces innombrables que les fidèles obtenaient en priant devant la sainte image portée par Marie ou devant les reproductions de ce tableau comme nous l'avons déjà dit.

APPENDICE IV

Approbation de l'Église.

Il y a plus encore; et c'est par là que nous terminons cette discussion. Non seulement l'image de saint Dominique de Soriano fut exposée dans les églises de Rome, même dans les principales, et y fut l'objet de vénération de la part des Cardinaux et des Papes, mais encore la Sainte Église a approuvé une solennité liturgique spéciale en son honneur.

En effet, le Chapitre général des Dominicains, tenu à Rome en 1644, demanda une fête de rite tout double (ce qui équivaut au double majeur dans le rite romain). Le titre de la fête serait : *Solennité de la Commémoraison de l'image miraculeuse de saint Dominique, portée à Soriano le 15 septembre.* L'office serait celui qu'on récite le 4 août pour la fête de saint Dominique.

Le Saint-Siège accorda la faveur demandée. Un décret de la Congrégation des Rites, approuvé par le Pape, permit d'écrire et de lire dans le Martyrologe dominicain au 15 septembre : « Commemoratio miraculosae imaginis S. P. N. Dominici in Suriano » — *Commémoraison de l'image miraculeuse de Notre Père saint Dominique à Soriano.*

Enfin le Pape Benoît XIII accorda aux religieux du Couvent de Soriano des leçons propres dans l'office du 15 septembre; dans ces leçons on raconte toute l'histoire de l'image miraculeuse, portée par la Sainte Vierge, accompa-

gnée de sainte Marie-Madeleine et de sainte Catherine
martyre. Ces leçons se trouvent dans le *Bullaire de l'Ordre
de saint Dominique.*

Quelques autres preuves de l'authenticité des faits.

Aux témoignages que nous avons déjà donnés et qui mi-
litent en faveur de l'authenticité des faits, nous pourrions
ajouter les attestations de beaucoup d'historiens étrangers
à l'Ordre de Saint-Dominique, et par conséquent non sus-
pects de partialité. Nous nous contenterons de quelques
citations pour ne pas fatiguer le lecteur :

Beaucoup de ces historiens appellent l'image de saint
Dominique de Soriano *miraculeuse, thaumaturge, céleste,
portée par les habitants du ciel.* Les Bollandistes, que nous
avons déjà cités, ne craignent pas d'écrire : « Tous les
auteurs affirment unanimement, et l'expérience quotidienne le confirme, qu'une multitude innombrable d'hommes de toute condition accourent à Soriano par dévotion
auprès de l'image qui y est vénérée, et que par l'intercession de saint Dominique des miracles nombreux et évi-
dents y sont accomplis — « et intercessione sancti Dominici
illic plura evidentiaque patrari miracula ».

Les mêmes Bollandistes, parlant du concours des fidèles
à Soriano, nous disent : « Les uns, le front dans la poussière, s'avancent lentement sur les genoux depuis le seuil
du temple jusqu'à l'autel; d'autres s'infligent avec force de
rudes disciplines et font jaillir le sang sous les coups qu'ils
se donnent; d'autres, la tête et les épaules découvertes,
entrent tout hérissés de dures épines, ingénieusement dis-
posées pour percer leur chair et ne déposent leur vêtement

douloureux qu'après avoir répandu devant l'image leurs prières avec leurs larmes. Des Prélats et des Grands du Royaume font, pieds nus, pour s'y rendre, plusieurs journées de marche[1]. »

Les Bollandistes insèrent les faits tels qu'ils ont été racontés par les historiens dominicains; et sans nul doute ils les avaient fait passer auparavant au crible de la critique.

Ce fut un savant religieux de la Compagnie de Jésus, Jean Patti, qui fut chargé officiellement à Messine d'examiner et d'approuver le grand ouvrage du P. Lembo, continué par le P. Dominique de Séminara, dans lequel sont relatés les faits miraculeux de Soriano de 1609 à 1687. L'appréciation fut des plus élogieuses; elle est insérée à la fin du volume imprimé à Messine en 1687.

En 1635, rapportent les historiens, le vice-roi de Naples publia des lettres officielles dans lesquelles on déclarait solennellement que le couvent de saint Dominique de Soriano était mis sous la protection spéciale du pouvoir royal. Pour quel motif? « à cause de la vénération que sa majesté le roi d'Espagne témoigne à ce saint lieu, au Couvent et à l'Église du *miraculeux* et glorieux saint Dominique, dont l'*image céleste* y est conservée. »

Lorsque le P. Lembro voulut publier la première édition de sa chronique imprimée à Soriano[2], le Cardinal de Naples confia le manuscrit à un religieux de Saint-François, ancien vicaire général de son Ordre. Le censeur, après lecture de l'ouvrage, écrivit au Cardinal une lettre, insérée

---

1. Traduction de l'*Année dominicaine.*

2. La deuxième édition fut imprimée à Messine, comme nous l'avons déjà dit.

dans la première édition, dans laquelle il affirmait que non seulement il était digne d'être publié, mais même qu'on devait *ordonner* l'impression de ce livre pour augmenter la dévotion du peuple chrétien envers la *très glorieuse et céleste image du saint Patriarche Dominiqüe vénérée à Soriano.*

Paul Aringhius, de l'Oratoire de Saint-Philippe Néri, publia à Rome, en 1651, un ouvrage qui continuait celui de Bosius sur Rome souterraine ; dans ce livre il consacre plusieurs pages au culte des Saintes Images, notamment au culte des images de la Sainte Vierge. Puis venant à l'image de saint Dominique de Soriano, il affirme qu'elle est *célèbre à cause de ses miracles continuels,* « jugibus nunc miraculis præfulget » ; il atteste que cette image a été *apportée du ciel* et qu'elle est l'objet du culte et de l'admiration de *tout le peuple chrétien.* Selon lui, elle a été donnée à l'Église de Dieu comme une « *sauvegarde contre les impies* qui réprouvent le culte des images des Saints » ; cette allusion vise les protestants qui en effet détruisaient partout les statues et les tableaux des saints. A la fin de son éloge, Aringhius nous apprend que le culte de l'image de saint Dominique de Soriano s'est tellement développé qu'à la fête du Bienheureux Patriarche plus de *cent mille personnes* accourent pour vénérer le tableau qui le représente.

On a dit, et non sans raison, qu'au temps où l'horrible hérésie de Luther et de Calvin se répandait et réprouvait le culte des saintes images, le tableau miraculeux qui représente saint Dominique fut donné par le ciel, moins à l'Ordre des Prêcheurs qu'à l'Église universelle ; de telle sorte que celui qui, vivant, avait combattu les Albigeois par la parole et par les œuvres, *luttait après sa mort, par le moyen de son image, contre les Luthériens et les Calvinistes.*

APPENDICE V

Réponse à quelques objections au sujet du tableau de saint Dominique.

L'origine étrange, avouons-le, de ce tableau, n'est pas sans soulever quelques difficultés.

A son origine l'histoire repose toute entière sur le récit du frère convers qui affirma avoir reçu l'image de saint Dominique des mains de la Très Sainte Vierge, au cours d'une apparition dont il fut seul favorisé et seul témoin. Dans ces conditions, ne peut-on pas légitimement craindre une hallucination ou une supercherie ?

Dans la préface générale des « *Acta Sanctorum* » des Bollandistes, le fondateur même de cette célèbre collection nous dit : « Si quelqu'un raconte ce qu'il a vu, et, si d'autre part il est un homme vertueux, prudent et qu'on n'ait pas altéré son récit, il mérite notre foi « *fidem meretur* ». Nous avons le droit d'appliquer cette juste réflexion au frère Laurent de Grotteria ; celui-ci était un saint religieux, très observant et d'une piété exemplaire ; il y a unanimité sur ce point parmi les historiens. Le frère convers choisi comme premier instrument de la Providence était incapable de bâtir une telle légende et surtout de persévérer jusqu'à la mort dans ce mensonge. »

Il faut noter encore que sainte Catherine, la martyre, apparut à un des *trois prêtres* du couvent pour lui apprendre que le tableau avait été remis par la Sainte Vierge. Ici le frère convers n'intervient en aucune manière.

Ce n'est pas tout. Nous avons déjà dit que saint Dominique apparut au prêtre Noël Sorbilli et lui ordonna d'aller à Soriano témoigner en faveur de l'image miraculeuse. Nouveau fait indépendant de la déposition du frère Laurent.

Le fondateur des Prêcheurs apparut encore à un prêtre incrédule appelé Sylvius de Gratio, de Bitritto, en Calabre. Voici en quelles circonstances :

Ce prêtre, qni tenait pour suspect le livre des miracles de saint Dominique, tomba gravement malade et reçut les derniers sacrements. Un ami vint lui conseiller de se recommander à saint Dominique, mais sans lui parler de son image de Soriano ; il l'engagea à promettre de jeûner sept mardis et à célébrer la messe en son honneur.

La nuit suivante, aux approches de l'aurore, et dans un demi sommeil, le malade vit un religieux, vêtu de l'habit dominicain qui, d'une voix grave, lui adressa ces simples mots : « Vous devez aller vous procurer le nouveau livre des miracles. » Il comprit aussitôt que c'était saint Dominique qui l'engageait à faire le pèlerinage de Soriano, à vénérer son image, et à acquérir le livre des miracles dont une nouvelle édition venait d'être imprimée.

Le malade promit tout. Puis, la vision ayant disparu, il sentit ses forces lui revenir... Peu de jours après il fit, confus et repentant, le voyage de Soriano. Il rédigea lui-même, des grâces qui lui avaient été accordées, un procès-verbal qui fut conservé aux archives du Sanctuaire. Et depuis lors, il se fit prédicateur infatigable des miracles de saint Dominique.

Mais la grande réponse à faire à cette objection est celle des miracles. Comment croire que Dieu ait opéré de si nombreux et de si grands prodiges qui seraient liés à un odieux et puéril mensonge? La signature de Dieu n'est-elle pas la preuve péremptoire de la sincérité et de la véracité de l'humble religieux?

Ce tableau, insiste-t-on, ne représente pas le saint Patriarche sous les traits qui nous sont connus par ses contemporains. Ainsi, Thierry d'Apolda, la Bienheureuse Cécile, nous apprennent que saint Dominique avait toute sa couronne de cheveux..., que les manches de sa tunique étaient étroites..., que le capuce blanc était uni au scapulaire et ne retombait pas sur la poitrine..., que le capuce noir ne faisait qu'un avec la chape...; tandis que, dans l'image de Soriano, saint Dominique est à moitié chauve, les manches de sa robe sont larges, le capuce est séparé de la chape et du scapulaire et retombe sur la poitrine.

Mais ne lisons-nous pas dans l'histoire que les saints sont apparus dans la forme que les contemporains de l'apparition concevaient, et non tels qu'ils étaient à l'époque de leur vie terrestre? Autrement, on ne les aurait pas reconnus, et on aurait pu croire à des illusions du démon. L'habit de saint Dominique de Soriano est celui usité au seizième siècle en Italie. Les cheveux sont rares sur son front. Mais ne peut-on pas dire que le tableau de Soriano représente saint Dominique à la fin de sa vie, épuisé de fatigue et de forces, tandis que Thierry d'Apolda et la Bienheureuse Cécile décrivent le saint Patriarche dans la pleine maturité de l'âge? C'est la réponse que donne le P. Vandendick dans sa dissertation historique. Et puis, ce détail, comme tant d'autres, importe assez peu dans le grand fait du Sanctuaire. Le caractère surnaturel de celui-ci n'est pas attaché à la ressemblance du tableau avec l'original. Combien de sanctuaires de la Sainte Vierge offrent à notre vénération une image qui veut représenter la Mère de Dieu et qui jamais pourtant n'est son vrai portrait! Il n'y en a pas deux qui se ressemblent; ce qui n'empêche pas la Providence d'opérer des prodiges autour de ces tableaux ou de ces statues.

APPENDICE VI

Lettre du R^{me} Père Jandel, Maître général, instruisant les Couvents de l'Ordre du fait miraculeux de la statue de saint Dominique.

MON TRÈS RÉVÉREND PÈRE,

Nous souvenant des paroles de l'Esprit-Saint qui recommande de publier les œuvres de Dieu parce qu'elles lui rendent gloire (Tob., XII), nous désirions depuis le mois de septembre vous faire connaître un événement prodigieux, par lequel il a plu à Dieu d'illustrer encore une fois le Sanctuaire de notre saint Patriarche Dominique à Soriano, en Calabre. Mais en des faits de cette nature, il eût été imprudent de donner aussitôt créance à la voix publique, très souvent sujette à l'erreur. C'est pourquoi nous avons voulu différer de vous écrire jusqu'à ce que l'évêque du diocèse eût, sur notre demande, fait procéder à une enquête régulière. Cette enquête ayant eu lieu, Sa Grandeur nous a envoyé les pièces authentiques par l'entremise du R. P. Provincial de Calabre et nous nous empressons de vous en communiquer le résultat.

Tous, vous connaissez le Sanctuaire de Soriano dédié à notre Père saint Dominique et l'antique image qui y attire, par sa merveilleuse origine et par les grâces continuelles qu'on y obtient, la vénération et le concours de la province, des contrées voisines et même des pays étrangers. Le 15 septembre, jour consacré dans l'Ordre à la *Commémoraison de la sainte Image*, se célèbre à Soriano avec la plus grande solennité : la fête se termine par une procession où l'on porte une statue du Saint, en bois, de grandeur naturelle. Or, cette année, à pareil jour, cette statue était exposée à la vénération publique près du maître-àutel, du côté gauche ; les cérémonies religieuses étant terminées un peu avant midi, trente personnes environ passaient devant elle. Tout à coup l'on vit la sainte statue s'animer, avancer, puis reculer, lever le bras droit, puis le laisser retomber. Pendant ces mouvements, le front se ridait, ses regards paraissaient tantôt sévères, menaçants, tantôt tristes, tantôt remplis de douceur et de respect, surtout quand ils se tournaient vers l'image de la Vierge du Rosaire. On eût cru voir, nous disent les témoins, *un prédicateur en chaire.*

Il serait difficile de peindre l'émotion des assistants à ce spectacle ; la crainte, l'étonnement se succédaient en eux ; ils étaient comme atterrés. Aux premiers instants, ils n'osaient ajouter foi à leurs propres yeux. Mais bientôt se consultant, ils s'assurèrent par leur impression commune que ce n'était point une illusion, mais une réalité. L'église aussitôt retentit des cris : « Saint Dominique ! Saint Dominique ! Miracle ! Miracle ! » Il leur était impossible de prononcer d'autres paroles.

L'événement, comme il fallait s'y attendre, se répandit

avec la rapidité de l'éclair. En moins de temps qu'il n'en faut pour le dire, la population entière abandonna ses travaux et accourut en foule au Sanctuaire. Deux mille personnes purent être témoins des mouvements prodigieux de la sainte statue : ils durèrent environ une heure et demie. Pendant tout ce temps, et les premiers spectateurs et ceux qui arrivaient toujours, multipliaient leurs prières, leurs larmes, leurs cris d'étonnement et leurs acclamations. Un aussi grand nombre de témoins, attestant d'une voix unanime le prodige, ôtait tout soupçon d'illusion ou de fraude. On voulut néanmoins enlever tout prétexte au doute et à l'incrédulité : le miracle n'en devint que plus évident et entièrement à l'abri des attaques.

Pour satisfaire ceux qui redoutaient une illusion d'optique, on arracha les ornements de la guirlande entourant en forme d'arc, mais sans la toucher, la statue vénérée ; on dépouilla ensuite la table qui lui servait de piédestal, et ainsi s'évanouit toute supposition de supercherie. Les objections de moindre valeur qui auraient pu se produire, tombent devant l'opinion commune des assistants. Aucune cause naturelle d'ailleurs, telle que le vent, très violent ce jour-là, ne pouvait communiquer un mouvement aussi accentué à une statue de bois fort pesante, tandis que les cierges ne s'éteignaient pas et que les objets légers restaient immobiles. Tout donnait ainsi plus de certitude au prodige. Aussi, quand il eut cessé, les pieux habitants de Soriano voulurent dans leur reconnaissance, porter le soir en procession la statue miraculeuse. Telle était la coutume de nos Pères, gardiens du sanctuaire, avant les lamentables vicissitudes qui sont venues affliger l'Italie.

Voilà, Très Révérend Père, l'événement extraordinaire.

Certifié déjà par des lettres privées d'une entière unanimité, il vient d'être confirmé par le révérend vicaire-forain de Soriano. Ce dignitaire en a fait, par l'ordre de l'Évêque de Mileto, une relation authentique, signée sous la foi du serment, par trente témoins oculaires, choisis parmi les personnes les plus éclairées et les plus honorables du pays. Il ajoute que beaucoup d'autres auraient de même attesté le miracle si la demande leur en avait été faite.

Il ne nous appartient pas de scruter les jugements de Dieu : adorons-les humblement; ses décrets sont impénétrables : *Quis cognovit sensum Domini aut quis consiliarius éjus fuit?...* Mais nous savons que toutes les voies du Seigneur sont miséricorde et vérité : *Universae viae Domini misericordia et veritas :* aussi les douloureuses conjonctures dans lesquelles ce prodige s'est accompli nous permettent de le regarder comme un avertissement d'en haut. Ne semble-t-il pas que Dieu ait voulu nous montrer par ce signe que les péchés du monde ont comblé le calice de sa colère et nous animer à redoubler notre ferveur afin de désarmer sa justice?

Mais quelle que soit l'intention de Dieu dans cet événement de *famille*, enflammés d'un saint zèle, marchons en dignes fils sur les traces de notre saint Patriarche : implorons par des prières assidues, la miséricorde de Dieu afin qu'il daigne apaiser sa colère et accorder des jours tranquilles à l'Église et à la société.

Attendu la dispersion presque générale des Religieux, à cause des circonstances actuelles, nous n'avons pu, selon notre désir, envoyer cette lettre à chacun d'eux. Nous sommes persuadés, T. R. Père, que vous la leur ferez connaître. Dans cet espoir, nous vous bénissons, T. R. Père, vous et votre Province, et nous nous recommandons aux prières de tous.

Rome, Couvent de Sainte-Marie sur Minerve, le 8 décembre 1870.

Fr. A. Vincent JANDEL,
Maître Général des Frères-Prêcheurs.

LAUS DEO — BEATAE MARIAE ET BEATO DOMINICO!

TABLE DES MATIÈRES

TABLE DES PLANCHES

Toulouse. — Impr. et Libr. Édouard Privat. — 840. — 9-1929